财务管理理论与实践

杨　苑　唐萍萍　主编

哈尔滨出版社
HARBIN PUBLISHING HOUSE

图书在版编目（CIP）数据

财务管理理论与实践 / 杨苑，唐萍萍主编． -- 哈尔滨：哈尔滨出版社，2023.7

ISBN 978-7-5484-7416-6

Ⅰ．①财… Ⅱ．①杨… ②唐… Ⅲ．①财务管理—研究 Ⅳ．①F275

中国国家版本馆 CIP 数据核字（2023）第 134354 号

书　名：**财务管理理论与实践**
CAIWU GUANLI LILUN YU SHIJIAN

作　者：杨　苑　唐萍萍　主编

责任编辑：韩伟锋

封面设计：张　华

出版发行：哈尔滨出版社（Harbin Publishing House）

社　址：哈尔滨市香坊区泰山路 82-9 号　邮编：150090

经　销：全国新华书店

印　刷：廊坊市广阳区九洲印刷厂

网　址：www.hrbcbs.com

E - mail：hrbcbs@yeah.net

编辑版权热线：（0451）87900271　87900272

开　本：787mm×1092mm　1/16　印张：11.75　字数：250 千字

版　次：2023 年 7 月第 1 版

印　次：2023 年 7 月第 1 次印刷

书　号：ISBN 978-7-5484-7416-6

定　价：76.00 元

编委会

主　编

杨　苑　广东嘉元科技股份有限公司

唐萍萍　中铁十四局集团有限公司

副主编

白　真　济南革命烈士陵园

李　萌　洛阳国晟投资控股集团有限公司

李晓庆　洛阳市园林绿化中心

罗改云　河南德尚会计师事务所（普通合伙）

李英英　河南全正房地产资产评估有限公司

刘兴民　成都博瑞传播股份有限公司

滕　峻　深圳市宝安区中医院

王晓晨　朝阳市福利彩票中心

张媛媛　河南兴润诚会计师事务所有限公司

周少英　河南嵩县国家粮食储备库

（以上副主编排序以姓氏首字母为序）

前　言

　　财务管理作为企业生产管理的核心内容，贯穿于企业的整个生产经营当中，并且处于企业管理的核心地位。财务状况能够真实、准确地反映企业的运转与经营的实际情况，财务收支能够最清楚地表达企业实际情况。企业可以根据财务管理分析财务增长或下降的数据，来制订新的管理计划和营销计划，通过销售的利润以及成本和其他资金使用情况的分析与对比，就能够掌握企业的运作趋势，从而根据财务管理分析所得的数据进一步调整战略计划。财务管理是企业制订一切营销计划的根本。

　　财务管理是一门具有很强实践性的专业，需要通过不断实践来巩固理论知识和应用方式。要做好企业财务管理工作，一靠具有良好素质的财务队伍；二靠建立科学合理的财务管理体制；三靠运用先进可行的管理方法。但首先要转变观念，真正确立财务管理在企业管理中的中心地位，充分认识和发挥财务管理的作用。目前，我国企业的财务制度尚不健全，财务管理经验缺失，制约着我国企业的发展。随着社会的不断发展，传统的企业管理制度已经不适用于当今的社会，需要不断地改进和创新，以更好地适应当今的社会，在激烈的市场竞争中有一席之地，为我国的企业创造更大的利益。

　　本书主要对财务管理的理论与实践进行研究，如果企业想实现利益最大化，在激烈的市场竞争中有一席之地，那么需要实现财务管理制度的统一。通过大量的时间和实践，形成一套行之有效的发展战略，促进企业的长远发展，获取更大的经济利益。

目　录

第一章　财务管理总论

企业财务管理是根据资金运动的规律，遵守国家法律制度，对企业生产经营过程中资金的形成、使用和分配，进行预测、计划、控制、核实和分析，提高资金运用效果，实现资本保值增值的管理工作。本章将对财务管理的基础内容进行阐述。

第一节　财务管理概述

一、财务管理的含义和内容

（一）概述

企业财务是企业财务活动及其所体现的经济利益关系（财务关系）的总称，它的基本构成要素是投入和运动于企业的资金。

在商品经济条件下，社会产品是使用价值和价值的统一体，企业生产经营过程也表现为使用价值的生产和交换过程及价值的形成和实现过程的统一。在这个过程中，劳动者将生产中所消耗的生产资料的价值转移到产品或服务中去，并且创造出新的价值，通过实物商品的出售或提供服务，使转移价值和新创造的价值得以实现。企业资金的实质是生产经营过程中运动着的价值。

在企业生产经营过程中，因为实物商品或服务在不断变化，其价值形态也不断地发生变化，由一种形态转化为另一种形态，周而复始，不断循环，形成了资金运动。所以，企业的生产经营过程，一方面表现为实物商品或服务的运动过程；另一方面表现为资金的运动过程。资金运动不仅以资金循环的形式而存在，而且伴随生产经营过程不断地进行，因此资金运动也表现为一个周而复始的周转过程。资金运动以价值形式综合地反映着企业的生产经营过程，它构成企业生产经营活动的一个独立方面，具有自己的运动规律，这就是企业的财务活动。企业的资金运动和财务活动离不开人与人之间的经济利益关系。

综上所述，企业财务是指企业在生产经营过程中客观存在的资金运动及其所体现的经济利益关系，前者称为财务活动，表明了企业财务的内容和形式特征；后者称为财务关系，揭示了企业财务的实质。企业财务管理是按照国家法律法规和企业经营要求，遵循资本营运规律，对企业财务活动进行组织、预测、决策、计划、控制、分析和监督等一系列管理工作的总称。其基本特征是价值管理，管理的客体是企业的财务活动，管理的核心是企业财务活动所体现的各种财务关系。因此，企业财务管理是利用价值形式对企业财务活动及其体现的财务关系进行的综合性管理工作。

企业开展财务管理，就是要充分发挥财务管理的运筹作用，力求实现企业内部条件、外部环境和企业目标之间的动态平衡，并从平衡中求发展，促使企业实现发展战略和经营目标。

（二）财务活动

资金运动过程的各阶段总是与一定的财务活动相对应的，或者说，资金运动形式是通过一定的财务活动内容来实现的。所谓财务活动是指资金的筹集、投放、运用、回收及收益分配等活动。从整体上讲，财务活动包括以下四个方面：

1.筹资活动

所谓筹资活动是指企业根据其一定时期内资金投放和资金运用的需要，运用各种筹资方式，从金融市场和其他来源渠道筹措、集中所需要的资金的活动。企业无论是新建、扩建，还是组织正常的生产经营活动，都必须以占有和能够支配一定数量的资金为前提。企业以各种筹资方式从各种筹资渠道筹集资金，是资金运动的首要环节。在筹资过程中，企业一方面要按照适当的资金需要量确定筹资规模；另一方面要在充分考虑筹资的成本和风险的基础上，通过筹资渠道、筹资方式和工具的选择，确定合理的筹资结构。

企业通过筹资可以形成两种不同性质的资金来源：一是权益性质的资金，它是企业通过吸收直接投资、发行股票和以内部留存收益等方式从国家、法人、个人等投资者那里取得而形成的自有资金，包括资本金（或股本）、资本公积、盈余公积和未分配利润；二是负债性质的资金，企业通过银行借款、发行债券、利用商业信用和租赁等方式，从金融机构、其他企业、个人等各种债权人那里取得而形成的借入资金，包括流动负债和长期负债。

企业将资金筹集上来，表现为企业资金的流入；企业偿还债务本息、支付股利及为筹资而付出的其他形式代价等，则表现为企业资金的流出。这种由于筹资活动而产生的资金的收支，是企业财务管理的主要内容之一。企业筹资活动的结果，一方面表现为取得所需要的货币形态和非货币形态的资金；另一方面表现为形成了一定的资本结构。所谓的资本结构一般是指资金总额内部借入资金与自有资金之间的比例关系。在筹资过程中，企业既要根据发展要求确定相应的筹资规模，以保证投资所需的资金；又要通过筹资渠道、筹资方式或工具的选择，合理确定资本结构，以降低筹资成本和风险，提高企业价值。

2.投资活动

筹资活动的目的是用资。在企业取得资金后，必须将货币资金投入使用，以谋求取得最大的经济利益，否则，筹资就失去了目的和意义。所谓的投资可分为广义的投资和狭义的投资。广义的投资是指企业将筹集的资金投入使用的过程，包括企业将资金投入到企业内部使用的过程（如购置流动资产、固定资产、无形资产等）和对外投放资金的过程（如投资购买其他企业的股票、债券或与其他企业联营）；而狭义的投资仅指对外投资。

无论企业购买内部所需资产，还是购买各种有价证券，都需要支付资金，这表现为企业资金的流出；而当企业变卖其对内投资的各种资产或回收其对外投资时，则会产生企业资金的流入。这种因企业投资活动而产生的资金的收付，便是由投资而引起的财务活动。企业投资活动的结果是形成各种具体形态的资产及一定的资产结构。所谓的资产结构是指资产内部流动资产与长期资产之间的比例关系。企业在投资过程中，必须考虑投资规模，以提高投资效益和降低投资风险为原则，选择合理的投资方向和投资方式。所有这些投资活动的过程和结果都是财务管理的内容。

3. 资金营运活动

企业在正常的生产经营过程中，会发生一系列的资金收付。首先，企业要采购材料或商品，以便从事生产和销售活动，同时还要为保证正常的生产经营而支付工资和其他的营业费用；其次，当企业把产品或商品售出后，便可取得收入，收回资金。上述各方面都会产生资金的流入流出，这就是因企业经营而产生的财务活动，又称为资金营运活动。

企业的营运资金，主要是企业为满足日常营业活动的需要而垫支的流动资金，营运资金的周转与生产经营周期具有一致性。在一定时期内，资金周转的速度越快，就越能利用相同数量的资金生产出更多数量的产品，取得更大的收益。

4. 收益分配活动

企业通过投资活动和资金营运活动会取得一定的收入，并相应实现了资金的增值。由于企业收益分配活动体现了企业、企业职工、债权人和投资者之间的不同利益格局，因而企业必须依据现行法律和法规对企业取得的各项收入进行分配。

所谓的收益分配，广义来讲，是指对各项收入进行分割和分派的过程。狭义来说，收益分配仅指净利润的分派过程，即广义分配的最后一个层次。

值得说明的是，企业筹集的资金归结为所有者权益和负债资金两大类，在对这两类资金分配报酬时，前者是通过利润分配的形式进行的，属于税后利润分配；后者是通过将利息等计入成本费用的形式进行分配的，属于税前利润的分配。

财务活动的各个方面不是孤立的，而是相互联系、相互依存的。正是上述互相联系又有一定区别的各个方面，构成了完整的企业财务活动。

二、财务管理与会计的联系与区别

财务管理是企业管理的重要组成部分，它与会计工作无论是在理论上，还是在实践中，既有联系，又有区别。

（一）财务管理与会计的联系

1. 财务管理与会计具有价值共性。财务管理与会计均具有明显的价值属性，两者都是通过价值发挥其效能，这也造就了两者企业"综合能力"体现的共性。会计对经济活动的确认、计量和披露是按照价值反映的要求进行的，事实上，会计信息就是对企业价值或财务活动的再现。而财务管理本身是一种价值管理，是一种追求价值最大化的综合性的管理工作。

2. 两者在企业管理过程中相辅相成。会计是反映企业价值运动过程中的数与量，并以会计信息的形式向信息使用者输出。如果没有会计提供的信息作依据，财务管理的计划、预测、决策、控制与分析等功能必然是无源之水。

换言之，一方面，财务管理者只有利用会计提供的高质量信息才能准确把握企业的财务状况，做出科学决策；另一方面，会计所提供的信息必须尽可能满足包括财务管理在内的信息使用者的决策需要，否则就失去了其存在的价值。

（二）财务管理与会计的区别

1. 两者的对象不同。财务管理的对象是资金运动，是对企业资金运动所进行的直接管理。也就是说，财务管理主要管理企业的各项资产，以及由此产生的相关融资、投资、收益分配等事项。会计的对象并不是资金运动本身，而是资金运动所形成的信息，即对企业资金运动过程的信息揭示。

2. 两者的职能不同。会计的职能主要表现为反映，而财务管理的职能主要是计划、预测、决策、控制和分析等。反映职能是会计所特有的内在职能。会计人员作为信息揭示人员，对企业生产经营管理各方面并不具有直接的决策职能，他们的主要作用是通过提供会计信息，对相关决策施加影响。而企业相关的计划决策等职能则由财务管理来实施。

3. 两者的目标不同。会计的中心内容是提供决策所需的信息，它通过对企业经济活动的揭示，为管理当局、投资者和债权人等不同信息使用者提供真实可靠的会计信息，以满足相关利益主体的决策需要。财务管理的目标，则是企业经营目标在财务管理中的集中与概括，主要是通过计划、预测、决策、控制和分析等工作，确保企业价值最大化目标的实现。

总之，无论从理论上分析，还是从实践上看，财务管理与会计都是两回事。财务管理重在对财务行为的前期决策和过程约束，会计核算重在对财务行为的过程核算和结果反映。但是，财务管理需要利用会计信息，会计核算为财务管理提供基础，两者互为补充，相辅相成。

第二节 财务管理的目标与相关者利益协调

财务管理目标是财务学的核心问题之一。财务管理目标是企业理财活动所希望实现的结果，是评价企业理财活动是否合理的基本标准。它是企业财务管理活动的导向器，它决定着财务管理主体的行为模式。确立合理的财务管理目标，无论在理论上还是在实践上，都有重要的意义。

一、企业财务管理目标

任何管理都是有目的的行为，财务管理也不例外。财务管理目标是企业财务管理工作尤其是财务决策所依据的最高准则，是企业财务活动在一定环境和条件下应达到的根本目的。它决定着企业财务管理的根本方向，是企业财务的出发点和归宿。关于企业财务管理目标的观点有许多，主要有以下三种：

（一）利润最大化

这一目标是从 19 世纪初形成和发展起来的，其渊源是亚当·斯密的企业利润最大化理论。这种观点认为，利润代表了企业新创造的财富，利润越多则说明企业的财富增加越多，越接近企业的目标。以利润最大化作为财务管理目标有其合理性。一方面，利润是企业积累的源泉，利润最大化使企业经营资本有了可靠的来源；另一方面，利润最大化在满足业主增加私人财富的同时，也使社会财富达到最大化。然而，随着商品经济的发展，企业的组织形式和经营管理方式发生了深刻的变化，业主经营逐渐被职工经理经营代替，企业利益主体呈现多元化，在这种情况下，利润最大化作为企业财务管理目标的缺点就逐渐显现出来。

这种观点的主要缺陷是：

1. 利润最大化是一个绝对指标，没有考虑企业的投入与产出之间的关系，难以在不同资本规模的企业或同一企业的不同期间进行比较。

2. 没有区分不同时期的收益，没有考虑资金的时间价值。投资项目收益现值的大小，不仅取决于其收益将来值总额的大小，还要受取得收益时间的制约。因为早取得收益，就能早进行再投资，进而早获得新的收益，利润最大化目标则忽视了这一点。

3. 没有考虑风险问题。一般而言，高额利润往往要承担过大的风险。

4. 利润最大化可能会使企业财务决策带有短期行为，即片面追求利润的增加，不考虑企业长远的发展。

（二）每股收益最大化

20 世纪 60 年代，随着资本市场的逐渐完善，股份制企业的不断发展，每股收益最大化逐渐成为西方企业的财务管理目标。这种观点认为：应该把企业利润与投入的资本相联系，用每股收益（或资本利润率）概括企业财务管理目标。其观点本身概念明确，因为每股收益是一定时间内单位投入资本所获收益额，充分体现了资本投入与资本增值之间的比例关系，可以揭示其盈利水平的差异。但是这种观点仍然存在两个问题：一是没有考虑资金的时间价值；二是没有考虑风险问题。

（三）企业价值最大化

企业价值就是企业的市场价值，是企业所能创造的预计未来现金流量的现值。对于股份制企业，企业价值最大化可表述为股东财富最大化。对于上市的股份公司，股东财富最大化可用股票市价最大化来代替。股票市价是企业经营状况及业绩水平的动态描述，代表了投资大众对公司价值的客观评价。股票价格是由公司未来的收益和风险决定的，其股价的高低，不仅反映了资本和获利之间的关系，而且体现了预期每股收益的大小、取得的时间、所冒的风险以及企业股利政策等诸多因素的影响。企业追求其市场价值最大化，有利于避免企业在追求利润上的短期行为，因为不仅目前的利润会影响企业的价值，而且预期未来的利润对企业价值的影响所起的作用更大。

企业是一个通过一系列合同或契约关系将各种利益主体联系在一起的组织形式。企业应将长期稳定发展摆在首位，强调在企业价值增长中满足与企业相关各利益主体的利益，企业只有通过维护与企业相关者的利益，承担起应有的社会责任（如保护消费者利益、保护环境、支持社会公众活动等），才能更好地实现企业价值最大化这一财务管理目标。

以企业价值最大化作为财务管理的目标，其优点主要表现在：该目标考虑了资金的时间价值和风险价值，有利于统筹安排长短期规划、合理选择投资方案有效筹措资金、合理制定股利政策等；该目标反映了对企业资产保值增值的要求，从某种意义上说，股东财富越多，企业市场价值就越大，追求股东财富最大化的结果可促使企业资产保值或增值；该目标有利于克服管理上的片面性和短期行为；该目标有利于社会资源合理配置。社会资金通常流向企业价值最大化或股东财富最大化的企业或行业，有利于实现社会效益最大化。

以企业价值最大化作为财务管理的目标也存在以下问题：尽管对于股票上市企业，股票价格的变动在一定程度上揭示了企业价值的变化，但是股价受多种因素影响，特别是在资本市场效率低下的情况下，股票价格很难反映企业所有者权益的价值；为了控股或稳定购销关系，现代企业不少采用环形持股的方式，相互持股，法人股东对股票市价的敏感程度远不及个人股东，对股票价值的增加没有足够的兴趣；对于非股票上市企业，只有对企业进行专门的评估才能真正确定其价值。而在评估企业的资产时，由于受评估标准和评估方式的影响，这种估价不易做到客观和准确，因而这也导致企业价值确定出现困难。

二、不同利益主体财务管理目标的矛盾与协调

企业从事财务管理活动，必然发生企业与各个方面的经济利益关系，在企业财务关系中最为重要的关系是所有者、经营者与债权人之间的关系。企业必须处理、协调好这三者之间的矛盾与利益关系。

（一）所有者与经营者的矛盾与协调

企业是所有者的企业，企业价值最大化代表了所有者的利益。现代公司制企业所有权

与经营权完全分离，经营者不持有公司股票或持部分股票，其经营的积极性就会降低，因为经营者拼命干的所得不能全部归自己所有。此时他会干得轻松点，不愿意为提高股价而冒险，并想方设法用企业的钱为自己谋福利，如坐豪华轿车、奢侈的出差旅行等，因为这些开支可计入企业成本由全体股东分担，甚至蓄意压低股票价格，以自己的名义借款买回，导致股东财富受损，自己从中渔利。因而，经营者和所有者的主要矛盾就是经营者希望在提高企业价值和股东财富的同时，能更多地增加享受成本；而所有者或股东则希望以较小的享受成本支出带来更高的企业价值或股东财富。由于两者行为目标不同，必然导致经营者利益和股东财富最大化的冲突，即经理个人利益最大化和股东财富最大化的矛盾。

为了协调所有者与经营者的矛盾，防止经理背离股东目标，一般有两种方法：

1. 监督。经理背离股东目标的条件是，双方的信息不一致。经理掌握企业实际的经营控制权，对企业财务信息的掌握远远多于股东。为了协调这种矛盾，股东除要求经营者定期公布财务报表外，还应尽量获取更多信息，对经理进行必要的监督。但监督只能减少经理违背股东意愿的行为，因为股东是分散的，得不到充分的信息，全面监督实际上做不到，也会受到合理成本的制约。

2. 激励。就是将经理的管理绩效与经理所得的报酬联系起来，使经理分享企业增加的财富，鼓励他们自觉采取符合股东目标的行为。如允许经理在未来某个时期以约定的固定价格购买一定数量的公司股票。股票价格提高后，经理自然获取股票涨价收益；或以每股收益、资产报酬率、净资产收益率以及资产流动性指标等对经理的绩效进行考核，以其增长率为标准，给经理以现金、股票奖励。但激励作用与激励成本相关，报酬太低，不起激励作用；报酬太高，又会加大股东的激励成本，减少股东自身利益。可见，激励也只能减少经理违背股东意愿的行为，不能解决全部问题。

通常情况下，企业采用监督和激励相结合的办法使经理的目标与企业目标协调起来，力求使监督成本、激励成本和经理背离股东目标的损失之和最小。

（二）所有者与债权人的矛盾与协调

企业的资本来自股东和债权人。债权人的投资回报是固定的，而股东收益随企业经营效益而变化。当企业经营的好时，债权人所得的固定利息只是企业收益中的一小部分，大部分利润归股东所有。当企业经营状况差、陷入财务困境时，债权人承担了资本无法追回的风险。这就使得所有者的财务目标与债权人可望实现的目标可能发生矛盾。首先，所有者可能未经债权人同意，要求经营者投资于比债权人预计风险要高的项目，这会增加负债的风险。若高风险的项目一旦成功，额外利润就会被所有者独享；但若失败，债权人却要与所有者共同负担此而造成的损失。这对债权人来说风险与收益是不对称的。其次，所有者或股东未征得现有债权人同意，而要求经营者发行新债券或借新债，这增大了企业破产的风险，致使旧债券或老债券的价值降低，侵犯了债权人的利益。因此，在企业财务拮据时，所有者和债权人之间的利益冲突加剧。

债权人为了防止其利益被伤害，除了寻求立法保护、优先于股东分配剩余财产等外，通常采取以下措施：

1. 限制性借款。它是通过对借款的用途限制、借款的担保条款和借款的信用条件来防止和迫使股东不能利用上述两种方法剥夺债权人的债权价值。

2. 收回借款或不再借款。它是当债权人发现公司有侵蚀其债权价值的意图时，采取收回债权和不给予公司重新放款，从而来保护自身的权益。

除债权人外，与企业经营者有关的各方都与企业有合同关系，都存在着利益冲突和限制条款。企业经营者若侵犯职工雇员、客户、供应商和所在社区的利益，都将影响企业目标的实现。所以说企业是在一系列限制条件下实现企业价值最大化的。

第三节　财务管理环节与原则

一、财务管理的环节

财务管理工作环节是指财务管理的工作步骤和一般程序。企业财务管理一般包括以下几个环节：

1. 财务预测

财务预测是企业根据财务活动的历史资料（如财务分析），考虑现实条件与要求，运用特定方法对企业未来的财务活动和财务成果做出科学的预计或测算。财务预测是进行财务决策的基础，是编制财务预算的前提。

财务预测所采用的方法主要有两种：一是定性预测，是指企业缺乏完整的历史资料或在有关变量之间不存在较为明显的数量关系的情况下，专业人员进行的主观判断与推测。二是定量预测，是指企业根据比较完备的资料，运用数学方法，建立数学模型，对事物的未来进行的预测。在实际工作中，通常将两者结合起来进行财务预测。

2. 财务决策

决策即决定。财务决策是企业财务人员按照企业财务管理目标，利用专门方法对各种备选方案进行比较分析，并从中选出最优方案的过程。它不是拍板决定的瞬间行为，而是提出问题、分析问题和解决问题的全过程。正确的决策可使企业起死回生，错误的决策可导致企业毁于一旦，所以财务决策是企业财务管理的核心，其成功与否直接关系到企业的兴衰成败。

3. 财务预算

财务预算是指企业运用科学的技术手段和数量方法，对未来财务活动的内容及指标进行综合平衡与协调的具体规划。财务预算是以财务决策确立的方案和财务预测提供的信息为基础编制的，是财务预测和财务决策的具体化，是财务控制和财务分析的依据，贯穿企业财务活动的全过程。

4. 财务控制

财务控制是在财务管理过程中，利用有关信息和特定手段，对企业财务活动所施加的影响和进行的调节。实行财务控制是落实财务预算、保证预算实现的有效措施，也是责任绩效考评与奖惩的重要依据。

5. 财务分析

财务分析是根据企业核算资料，运用特定方法，对企业财务活动过程及其结果进行分析和评价的一项工作。财务分析既是本期财务活动的总结，也是下期财务预测的前提，具有承上启下的作用。通过财务分析，可以掌握企业财务预算的完成情况，评价财务状况，研究和掌握企业财务活动的规律，改善财务预测、财务决策、财务预算和财务控制，提高企业财务管理水平。

6. 业绩评价

业绩评价是通过运用一定手段和方法对企业一定经营期间的获利能力、资产质量、债务风险以及经营增长和努力程度的各方面进行综合评判。科学地评价企业业绩，可以为出资人行使经营者的选择权提供重要依据；可以有效地加强对企业经营者的监督和约束；可以为有效地激励企业经营者提供可靠依据；还可以为政府有关部门、债权人、企业职工等利益相关方提供有效的信息支持。

二、财务管理原则概述

财务管理的原则，也称理财原则，是指人们对财务活动共同的、理性的认识。它是联系理论与实务的纽带。财务管理理论是从科学角度对财务管理进行研究的成果，通常包括假设、概念、原理和原则等。财务管理实务是指人们在财务管理工作中使用的原则、程序和方法。理财原则是财务管理理论和实务的结合部分。

理财原则具有以下特征：理财原则是财务假设、概念和原理的推论，它们是经过论证的、合乎逻辑的结论，具有理性认识的特征；理财原则必须符合大量观察和事实，被多数人所接受。财务理论有不同的流派和争论，甚至存在完全相反的理论。而原则不同，它们被现实反复证明并被多数人接受，具有共同认识的特征；理财原则是财务交易和财务决策的基础。财务管理实务是应用性的，"应用"是指理财原则的应用。各种财务管理程序和方法，是根据理财原则建立的；理财原则为解决新的问题提供指引。已经开发出来的、被广泛应用的程序和方法，只能解决常规问题，当问题不符合任何既定程序和方法时，原则为解决新问题提供预先的感性认识，指导人们寻找解决问题的方法；原则不一定在任何情况下都绝对正确。原则的正确性与应用环境有关，在一般情况下它是正确的，而在特殊情况下不一定正确。

三、有关竞争环境的原则

有关竞争环境的原则，是对资本市场中人的行为规律的基本认识。

（一）自利行为原则

自利行为原则是指企业在决策时以财务利益最大化为导向，在其他条件相同时会选择对其最有利的方案。自利行为原则的依据是理性的经济人假设。把握自利行为原则，就是要理解企业的筹资、投资及利润分配等财务决策，因为它们都是建立在自利行为原则基础之上的。当然，现代企业是各投资者、债权人等众多利益集团的契约联结体，企业的行为往往是他们各自利益相互协调的结果。同时，企业的自利行为是企业基于一定量的财务信息而做出的，并且是合乎理性的。财务信息的拥有量直接制约着企业行为的理性程度。

自利行为原则的一个重要应用是委托代理理论。根据该理论，应当把企业看成是各种自利的人的集合。如果企业只有业主一个人，他的行为将十分明确和统一。如果企业是一个大型的公司，情况就变得非常复杂，因为这些关系人之间存在利益冲突。一个公司涉及的利益关系人包括普通股东、优先股东、债券持有者、银行、短期债权人、政府、社会公众、经理人员、员工、客户、供应商、社区等。这些人或集团，都是按自利行为原则行事的。企业和各种利益关系人之间的关系，大部分属于委托代理关系。这种既相互依赖又相互冲突的利益关系，需要通过"契约"来协调。因此，委托代理理论是以自利行为原则为基础的。有人主张，把"委托代理关系"单独作为一条理财原则，可见其重要性。

自利行为原则的另一个应用是机会成本的概念。当一个人采取某个行动时，就等于取消了其他可能的行动，因此他必然要用这个行动与其他的可能行动相比，看该行动是否对自己最有利。采用一个方案而放弃另一个方案时，被放弃方案的收益是被采用方案的机会成本，也称择机代价。尽管人们对机会成本或择机代价的概念有分歧，它们的计算也经常会遇到困难，但是人们都不否认机会成本是一个在决策时不能不考虑的重要问题。

譬如，公司可在下列行为中运用此原则：公司进行投资时，常会寻找能提供风险调整后的最大的期望真实报酬率的投资项目；公司在金融证券投资时，常将证券卖给出价最高者；市场参与者进行金融证券交易，必然会促使证券的市场价格趋于公平价格，否则便会存在套利者；公司股东与公司代理人签订财务合约时，常会给代理人提供一些激励措施，以使代理人的决策有利于股东；公司在给予购货方信用额度时，常会评价顾客的信用，以免发生坏账；公司在购买货物时，常会检查供应商提供的产品和劳务质量是否符合自己的要求；公司经常寻找获利机会租赁资产而不借款购买该资产，即使对希望购买的资产，也要安排项目筹资或合作筹资；公司作为债权人卷入重组活动时，常会寻找机会来增大其所能收回的价值。

（二）双方交易原则

双方交易原则是指每一项财务交易都至少存在两方，并且双方都按照最符合其经济利益的要求进行交易。从财务分析活动来说，至少存在着财务活动主体和财务分析主体。作为财务分析主体，一定要能预见财务活动主体的反应。

双方交易原则的建立依据是商业交易至少有两方、交易是"零和博弈"，以及各方都是自利的。在"零和博弈"中，双方都按自利行为原则行事，谁都想获利而不是吃亏。成交的关键在于买卖双方信息不对称，因而对金融证券产生不同的预期。不同的预期导致了证券买卖，高估股票价值的人买进，低估股票价值的人卖出，直到市场价格达到他们一致的预期时交易停止。如果对方不认为对自己有利，他就不会和你成交。因此，在决策时不仅要考虑自利行为原则，还要使对方有利，否则交易就无法实现。

双方交易原则要求在理解财务交易时不能"以我为中心"，在谋求自身利益的同时要注意对方的存在，以及对方也在遵循自利行为原则行事。这条原则要求我们不要总是"自以为是"，错误认为自己优于对手。

双方交易原则还要求在理解财务交易时要注意税收的影响。由于税收的存在，主要是利息的税前扣除，因而使得一些交易表现为"非零和博弈"。因为凡是交易政府都要从中收取税金，所以，减少政府的税收，交易双方都可以受益。避税就是寻求减少政府税收的合法交易形式。避税的结果使交易双方受益但其他纳税人会承担更大的税收份额，从更大范围来看并没有改变"零和博弈"的性质。有的人主张，把"税收影响决策"单独作为一条理财原则，因为税收会影响所有的交易。

譬如，公司可在下列行为中运用此原则：公司进行金融证券投资时，常使用金融证券的公平价格计算其报酬率；公司股东与代理人订立财务合约时，既要从委托人角度又要从代理人角度来考虑每一种环境；公司进行筹资时，必须考虑在自己的筹资条件下交易另一方是否愿意参加，或者在对方给定的条件下公司是否愿意继续筹资；公司利用商业信用进行短期筹资，不应以牺牲供应商利益的不道德行为来获取短期利益，否则只能损害甚至毁掉长期有利的合作关系；公司可以利用衍生证券将财务风险转移给他人，但也可能会牺牲一部分额外报酬；公司作为债权人被卷入破产时，所收回的价值的每一点增加，都会以其他方所收回的价值减少为代价；拟收购一家公司时，通常要溢价支付，否则目标公司的股东不会出卖他们的股票。

（三）信号传递原则

信号传递原则是指行动可以传递信息，并且比企业的声明更有说服力。这一原则要求在进行财务分析时，要善于利用企业的行为来判断其未来收益等财务活动的结果。

信号传递原则要求根据公司的行为判断它未来的收益状况。经常配股的企业产生现金的能力可能很差，而大量购买国债或者委托贷款的企业，则说明其没有很好的投资机会。事实上，当行动和企业的宣告不一致时，行动通常比语言更有说服力。

信号传递原则还要求公司在决策时不仅要考虑行动方案本身，还要考虑该项行动可能给人们传达的信息。在资本市场上，每个人都在利用他人交易的信息，自己交易的信息也会被别人所利用，因此应考虑交易的信息效应。需要特别注意的是，企业往往会利用这一原则来传递某方面并不可靠的信息。因此，财务分析人员要善于识别企业的虚假信号，洞察其真实的一面。

譬如，公司可在下列行为中运用此原则：

1. 公司股东与代理人签订财务合约时，应认识到建立和维持良好声誉所具有的激励价值，这将给外部传递一个对公司有正效用的信息；在金融市场中，公司可以利用他人的信息来计量所投资证券的现行市场价值或期望带来的价值。

2. 筹资时，公司应分析任何与资本结构和股利政策有关的可能变化，因为任何变化会将信息传递到外部使用者，并可能引起他们的误会。公司应认识到，宣布一种普通股即将公开销售，常会导致股票市场的消极反应，因为这种行为暗示：公司认为其股票已被高估。因此，短期筹资比长期筹资效果要好，长期负债比普通股筹资效果要好。

四、有关创造价值的原则

有关创造价值的原则，是人们对增加企业财富基本规律的认识。研究有关创造价值的原则就是要在财务分析中牢牢把握住将给企业带来价值的核心资产和项目，充分考察和判断其获利能力。核心资产和项目是企业价值创造的源泉，在进行财务分析时，判断核心资产和项目的依据不在于其是否被登记入账或其入账金额的大小。有关创造价值的原则包括有价值的创意原则、比较优势原则、期权原则和净增效益原则。

（一）有价值的创意原则

有价值的创意原则，是指新创意能获得额外报酬。

竞争理论认为，企业的竞争优势可以分为经营奇异和成本领先两方面。经营奇异，是指产品本身、销售交货、营销渠道等客户广泛重视的方面在产业内独树一帜。任何独树一帜都来源于新的创意。创造和保持经营奇异性的企业，如果其产品溢价超过了为产品的独特性而附加的成本，它就能获得高于平均水平的利润。正是许多新产品的发明，使得发明人和生产企业变得非常富有。

有价值的创意原则主要应用于直接投资项目。重复过去的投资项目或者别人的已有做法，最多只能取得平均报酬率，维持而不是增加股东财富。新的创意迟早要被别人效仿，失去原有的优势，因此创新的优势都是暂时的。企业长期的竞争优势，只有通过一系列的短期优势才能维持。只有不断创新，才能维持经营的奇异性并不断增加股东财富。

譬如，公司可在下列行为中运用此原则：公司涉足金融证券投资时，应寻找富于创造性的管理或信息服务；公司在与员工签订具有独创性的财务合约时，应提防"免费乘客"，他们会非法抄袭你在此方面的有价值的创意，而降低该创意的效用；公司在进行项目投资时，应运用自下而上或自上而下的程序来增加揭示有价值创意的项目组合；在面对收购决策时，公司应寻找机会重新设计证券及收购交易活动以期增值；在国际投资时，公司应发展新的衍生证券或做出合理安排，以使公司能在国外经营中更好地应付其面对的风险，同时公司还应发展能产生净现值的国际融资机制。

（二）比较优势原则

比较优势原则是指专长能创造价值。在市场上要想赚钱，必须发挥你的专长。没有比较优势的人，很难取得超出平均水平的收入；没有比较优势的企业，很难增加股东财富。

比较优势理论的核心内容是"两利取重，两害取轻"。

比较优势原则的依据是分工理论。让每一个人去做最适合他做的工作，让每一个企业生产最适合它生产的产品，社会的经济效率才会提高。

比较优势原则的一个应用是"人尽其才、物尽其用"。在有效的市场中，你不必要求自己什么都能做得最好，但要知道谁能做得最好。对于某一件事情，如果有人比你自己做得更好，就支付报酬让他代你去做。同时，你去做比别人做得更好的事情，让别人给你支付报酬。

比较优势原则的另一个应用是优势互补。一方有某种优势，另一方有其他优势，两者结合可以使各自的优势快速融合，并形成新的优势。

比较优势原则要求企业把主要精力放在自己的比较优势上，而不是日常的运行上。建立和维持自己的比较优势，是企业长期获利的根本。

譬如，公司可在下列行为中运用此原则：寻找能利用公司的比较优势的资本预算项目而不是靠日常筹资来增加公司价值；在进行存货等是自行生产还是从外部购买等决策时，如果外部的供应商能提供更廉价、更适当的产品和服务，公司应考虑将此业务转包给外部的供应商；在发行证券时，如果证券承销商能以较低价格承担新发行证券的定价风险，公司应与他们签订合同；在进行衍生证券决策时，公司应考虑如果其他团体能以更便宜的价格承担这些风险，那么向它们转移风险对自身将十分有利；在进行收购决策时，公司应考虑到具有不同比较优势的公司之间的兼并可能会产生净现值。

（三）期权原则

期权是指不附带义务的权利，它是有经济价值的。期权原则是指在估价时要考虑期权的价值。

期权概念最初产生于金融期权交易，它是指所有者（期权购买人）能够要求出票人（期权出售者）履行期权合同上载明的交易，而出票人不能要求所有者去做任何事情。在财务上，一个明确的期权合约经常是指按照预先约定的价格买卖一项资产的权利。

广义的期权不限于财务合约，任何不附带义务的权利都属于期权。许多资产都存在隐含的期权。例如，一个企业可以决定某个资产出售或者不出售，如果价格不令人满意就什么事也不做；如果价格令人满意就出售。这种选择权是广泛存在的。一个投资项目，本来预期有正的净现值，因此被采纳并实施了，上马以后发现它并没有原来设想的那么好。此时，决策人不会让事情按原计划一直发展下去，而会决定方案下马或者修改方案，使损失减少到最低。这种后续的选择权是有价值的，它增加了项目的净现值。在评价项目时就应考虑到后续选择权是否存在以及它的价值有多大。有时一项资产附带的期权比该资产本身更有价值。

譬如，公司可在下列行为中运用此原则：公司与员工签订财务合约时，应考虑或有事件及其对激励因素和价值的影响；在进行项目投资时，公司应考虑确认扩充、延迟或放弃该项目所拥有的选择权的价值，有可能将期权价值考虑后会产生与原来未考虑前时截然相反的决策；在进行股利政策决策时，公司应考虑用可转让卖出认股权作为股票购回的替代方法；公司在进行营运资金和基金管理时，应认识到某一情况下潜在的选择权的价值；公司应清楚地意识到，在以认股权方式发行股票时，认股权的价值、债券的提前偿债选择权所具有的价值，以及租约中的取消权对承租人的价值、包含在衍生金融工具中期权的价值；当公司准备拖欠有关款项时，只有在拖欠支付对公司更有益时，才应选择拖欠支付。

（四）净增效益原则

净增效益原则是指财务决策建立在净增效益的基础上，一项决策的价值取决于它和替代方案相比所增加的净收益。

一项决策的优劣，是与其他可替代方案（包括维持现状而不采取行动）相比较而言的。如果一个方案的净收益大于替代方案，我们就认为它是一个比替代方案好的决策，其价值是增加的净收益。在财务决策中净收益通常用现金流量计量，一个方案的净收益是指该方案现金流入减去现金流出的差额，也称为现金流量净额。一个方案的现金流入是指该方案引起的现金流入量的增加额；一个方案的现金流出是指该方案引起的现金流出量的增加额。"方案引起的增加额"，是指这些现金流量依存于特定方案，如果不采纳该方案就不会发生这些现金流入和流出。

净增效益原则的应用领域之一是差额分析法，也就是在分析投资方案时只分析它们有区别的部分，而省略其相同的部分。例如，一项新产品投产的决策引起的现金流量，不仅包括新设备投资，还包括动用企业现有非货币资源对现金流量的影响；不仅包括固定资产投资，还包括需要追加的营运资金；不仅包括新产品的销售收入，还包括对现有产品销售积极或消极的影响；不仅包括产品直接引起的现金流入和流出，还包括对公司税务负担的影响等。

净增效益原则的另一个应用是沉没成本概念。沉没成本是指已经发生、不会被以后的决策改变的成本。沉没成本与将要采纳的决策无关，因此在分析决策方案时应将其排除。

譬如，公司可在下列行为中运用此原则：公司进行项目投资决策时，应计算项目的净增效益；公司在进行金融证券投资时，应计量持有金融证券的净增效益，也就是它的期望未来净现金流量；公司在与员工签订财务合约时，应根据净增效益来衡量激励因素；公司在进行资本结构决策时，应寻找所有的可能途径以最大程度减少由于资本市场缺陷（如不对称信息和交易成本）而招致的价值损失，同时在进行融资交易时，应考虑所有的交易成本；公司在进行营运资金管理时，应计算和决策相关的净增税后现金流量，在考虑长期负债的替续时，应计算替换的净增税后现金流量；公司在进行收购决策时，应计算收购所带来的收购净利益。

第四节　财务管理环境

企业在一定的环境条件下运行，很多环境因素时刻影响着企业的各项活动，其中包括财务管理活动。企业的财务管理环境是指对企业财务活动产生影响的各种企业外部条件，主要涉及经济环境、法律环境和金融市场环境。

一、经济环境

财务管理的经济环境是指企业进行财务活动所处的宏观和微观经济条件，包括以下几个方面。

1. 宏观经济运行状况。国家乃至国际的宏观经济运行状况对企业的财务活动有着重要的影响。宏观经济增长速度较快，经济繁荣，都会带来企业的快速发展，从而需要更多的资金投入企业的发展、运转，一般企业需要筹集资金；相反，宏观经济增长缓慢，经济衰退，都会给企业带来直接的影响，如影响其销售、生产等，从而影响到企业的财务活动。

2. 政府的经济政策。政府的经济政策，如国民经济发展规划、国家的产业政策、国家的货币政策、国家的财政政策、行政法规的变化等，都对企业的财务活动有很大的影响，如企业所处的行业是国家重点发展扶持的行业、有利的货币政策或有利的税收政策等，都会给企业的资金筹措、资金投放等财务活动带来有利的影响；相反，则会给企业财务活动的进行造成障碍。

3. 物价波动水平。物价水平的变化，直接影响到企业的销售和材料、人工等各项成本，也直接影响到企业投资的回报水平及企业对资金的需求。如企业产品售价上升，则企业收入增加，相应资金也比较充裕，投资回报上升；相反，如果企业生产产品所需原料价格上升，则企业成本增加，投资回报下降，对资金的需要也增加。

4.利率波动水平。利率水平的变化，直接表现为企业取得和使用资金的成本水平的升降，也直接表现为企业既定投资回报水平的高低。如企业发行长期债券时利率水平下降，则企业的资金成本下降；相反，则资金成本上升。再如，企业取得固定利率的长期债券投资后利率水平下降，则企业获得了由此带来的好处；相反，如果利率水平上升，则企业由此会带来潜在的损失。

5.竞争程度。市场经济条件下，竞争普遍存在，任何企业都会面对不同程度的产品、技术、人才、资源等多方面的竞争。竞争程度的加剧，会促使企业不断地改进技术、提高产品质量、进行多元化经营或扩大规模以减少经营的风险，扩大对市场的影响。所有这一切，企业都需要筹集和分配资金，并影响到由此产生的所有财务活动。

6.销售与供应市场。销售与供应市场对企业的财务活动也有重大的影响，如企业所经营的产品销售市场发展迅速，需求不断增加，则企业会实现更多的收入，资金充裕，运转有效；相反，如果企业所经营的产品销售市场不断萎缩，需求逐渐减少，则企业实现的收入将会越来越少，资金周转也会出现困难。再如，企业所需要的原料等供应充足，价格稳定，则企业的生产、销售活动会正常进行；相反，如果供应紧张或价格波动，就会给企业的生产经营造成不利影响，并最终体现在资金运转上。

二、法律环境

企业财务管理的法律环境是指影响企业财务活动的各种法律因素，包括各种相关的法律、法规和制度规定。影响企业财务活动的法规主要涉及企业组织法规、税务法规、财务法规及其他相关法规。

1.企业组织法规。作为一种以营利为目的的组织，企业的组建及运行必须遵循有关企业组织法规的要求。由于企业存在多种形式，因而不同形式的企业应当遵循不同的组织规范。

企业组织法规对企业的设立条件、设立程序、组织机构、变更和终止的条件程序做了规定；对企业的资本限额、资本的取得方式、利润的分配等也作了规定。因此，企业的组织法规在众多方面影响着企业的财务活动。

2.税务法规。任何企业都应当按照有关税法的要求足额、及时纳税，企业缴纳税金会影响企业现金的流出量，更多的税种会影响企业的净收益。因此，企业纳税会影响企业的财务活动。影响企业的税种主要包括企业的所得税、各种流转税及其他税种，相应的税务法规也主要由所得税法规、各种流转税法规及其他地方税法规构成。

3.财务法规。直接影响着企业财务活动的法规还包括各种财务法规,如我国的《企业财务通则》、各级政府发布的企业财务管理工作条例、针对特定问题提出的处理规范意见等。

4.其他法规。企业作为社会经济活动体系的构成单元,在许多方面受到有关法规的约束,从而影响企业的财务活动。除了上述几个方面的法规外,还涉及如《证券法》《证券交易法》《企业债券管理条例》《经济合同法》《银行结算办法》《票据法》等。

三、金融市场环境

作为市场经济体系的重要组成部分,无论是对政府进行宏观调控,还是对企业财务活动的正常进行,金融市场都发挥着重要的作用,其功能主要体现在融通资金、优化资源配置、分散和转移投资风险、传递信号等方面。

企业的许多财务活动需要通过金融市场来进行。金融市场是指资金供给者和资金需求者双方通过信用工具进行交易而融通资金的市场。与其他交易市场相比较,金融市场的特点表现为:金融市场的交易对象是货币资金;金融市场的交易主体包括各种进行金融交易的市场参与者,包括筹资者、投资者、中介机构和监管机构;金融市场的交易工具是指各种金融工具,包括股票、债券、期权合约、商业票据等;金融市场的组织方式是指各种交易形式,包括交易所方式、柜台交易方式、中介方式等。

(一)金融市场的分类

金融市场可以按照不同的标准进行分类,一般有以下几种。

1.按照交易对象进行分类

按照交易对象的不同,金融市场可以划分为资金市场、外汇市场和黄金市场。资金市场是指进行资金借贷的市场,包括交易期限在1年以内的货币市场和交易期限在1年以上的资本市场。外汇市场主要满足交易者对外汇的需求,由外汇供需双方和外汇交易的中介机构组成。目前,世界上主要的外汇市场有伦敦、纽约、巴黎、东京、苏黎世、新加坡、中国香港、法兰克福等著名的国际金融中心。黄金市场是专门进行黄金买卖的金融市场,主要有现货交易和期货交易两种。目前,世界上主要的黄金市场有伦敦、纽约、巴黎、苏黎世、中国香港和芝加哥。

2.按照融资期限进行分类

按照融资期限的长短,金融市场可以划分为货币市场和资本市场。

(1)货币市场。货币市场是指交易期限在1年以内的短期金融市场,主要包括短期存贷市场、银行同业拆借市场、商业票据市场、可转让定期存单市场、贴现市场、短期债券市场等。

(2)资本市场。资本市场是指交易期限在1年以上的长期金融市场,主要包括长期存贷市场、长期债券市场、股票市场等。

3. 按照证券发行或交易的程序进行分类

按照证券发行或交易的程序进行分类，金融市场可以划分为一级市场和二级市场。一级市场，也称为发行市场，是指发行证券的市场，包括股票发行市场和债券发行市场；二级市场，也称为交易市场，是指进行证券买卖和转让的交易市场。

（二）金融机构

在金融市场上融通资金有直接融资和间接融资两种方式。直接融资是指资金供需双方直接进行金融交易活动，不需要通过金融机构，如公司在证券市场上通过发行股票筹集资金。间接融资是指资金供需双方需要通过中介机构作为媒介进行金融交易活动，如银行的存贷款。间接融资需要通过的中介机构，我们便称之为金融机构，金融机构一般可以划分为银行金融机构和非银行金融机构。

1. 银行金融机构

银行金融机构在金融市场上起着非常重要的作用，按照职能的不同，银行一般划分为中央银行、商业银行和专业银行三类。

（1）中央银行。中央银行是代表政府管理金融活动的机构，一般不参与具体的金融交易活动，主要职能是制定和执行国家的金融政策、发行货币、对其他银行和非银行金融机构进行监督管理等。

中国人民银行是我国的中央银行，其主要职责包括：制定和实施货币政策，保持货币币值稳定；依法对金融机构进行监督管理，维持金融业的合法、稳健运行；维护支付和清算系统的正常运行；持有、管理、经营国家外汇储备和黄金储备；代理国库和其他与政府有关的金融业务；代表政府从事有关的国际金融活动。

（2）商业银行。商业银行是以经营存款、贷款、办理转账结算为主要业务，以营利为主要经营目标的金融企业。商业银行是金融市场上的主要参与者，社会上许多闲置资金要存入商业银行，许多企业的借款来自商业银行，这一点在证券市场不发达的国家和地区表现得更为明显。商业银行通常是综合性的银行，经营的金融业务和提供的金融服务种类相对比较全面。

我国的商业银行主要包括国有独资银行和股份制银行。国有独资银行由国家专业银行演变而来，主要包括中国工商银行、中国银行、中国农业银行、中国建设银行。

（3）专业银行。专业银行是只经营指定范围的金融业务和提供专门金融服务的银行。许多专业银行通常不以营利为目的，如世界银行、亚洲开发银行等。我国不以营利为目的的专业银行主要是指各种政策性银行。

政策性银行，是指由政府建立，以贯彻国家产业政策、区域发展政策为目的，不以营利为目的的金融机构，主要包括：国家开发银行、中国进出口银行和中国农业发展银行。

与商业银行相比较，政策性银行的特点主要包括：不面向公众吸收存款，而以财政拨款和发行政策性金融债券为主要资金来源；资本主要由政府拨付；不以营利为目的，而是考虑国家的整体利益和社会效益。

2. 非银行金融机构

非银行金融机构主要包括：保险公司、证券公司、共同基金、养老基金等。

（1）保险公司。保险公司是将投保者的资金集中起来，当被保险者发生保险条例所列事项时进行赔偿的金融机构。保险公司从投保者处集中的大量资金，可以用于各种投资活动。由于保险公司本身的经营特点，因而保险公司一般投资于政府债券、投资基金等。目前，我国的保险公司资金运用被严格限制在银行存款、政府债券和金融债券范围内，不能为企业提供资金。

（2）证券机构。证券机构是指从事证券业务的机构，主要包括证券公司、证券交易所和登记结算公司。证券公司，其主要业务是推销政府债券、企业债券和股票，代理买卖和自营买卖已经上市流通的各类有价证券，参与企业收购、兼并，充当企业财务顾问等。证券交易所，其主要业务是提供证券交易的场所和设施，制定证券交易的业务规则，接受上市申请并安排上市，组织、监督证券交易，对会员和上市公司进行监督等。登记结算公司，其主要业务是证券交易所有权转移时的过户和资金结算。

（3）投资基金。投资基金，也称为共同基金，是一种进行集合投资的金融机构，通常由基金发起人发行基金证券汇集一定数量的资金，委托由投资专家组成的专门投资机构进行各种分散的投资组合，投资者按照出资比例分享投资收益，并共同承担投资风险。

（4）养老基金。养老基金是一种特殊的共同基金，是将职工用于养老的资金汇集起来，由专门的金融机构进行合理的投资组合，以增加基金的收益。养老基金在西方国家比较盛行。

（5）信托投资公司。信托投资公司，主要是以受托人的身份代人理财，主要业务包括经营资金和财产委托、代理财产保管、金融租赁、经济咨询、进行投资等。另外，我国还存在类似于投资银行的财务公司。我国的财务公司是由企业集团内部各成员单位入股，向社会募集中长期资金，为企业技术进步服务的金融股份有限公司。财务公司的业务主要限定在本集团内，不得从企业集团之外吸收存款，也不得对非集团单位和个人贷款。

（6）金融租赁公司。金融租赁公司，是指办理融资租赁业务的公司组织，主要业务包括动产和不动产的租赁、转租赁、回租租赁。

（三）利率

在金融市场上，资金作为一种特殊的商品进行交易，利率是资金的交易价格。

1. 利率的分类

（1）官方利率和市场利率。官方利率是政府通过中央银行确定公布，并且各银行都必须执行的利率，主要包括中央银行基准利率、金融机构对客户的存贷款利率等。市场利率是金融市场上资金供需双方交易形成的利率，随着资金供需状况的变化而变化，包括同业拆借利率、国债二级市场利率等。

官方利率和市场利率相互影响，市场利率受官方利率的影响，官方利率的确定也必须考虑金融市场上资金的供需状况。

（2）基准利率和套算利率。基准利率，也称为基本利率，是指在多种利率并存的条件下起决定作用的利率。基准利率在利率变动中起决定作用，其他利率要随着基准利率的变动而变动。西方国家中央银行的再贴现率、我国中国人民银行对商业银行贷款的利率都属于基准利率。套算利率，是指在基准利率的基础上，各个金融机构根据借贷款项的具体特点换算出的利率。一般来说，风险较大的贷款项目，套算利率确定的要高一些；风险较小的贷款项目，套算利率确定的要低一些。

（3）实际利率和名义利率。实际利率，是指物价不变，从而购买力不变条件下的利率，或者是在物价变动时，扣除通货膨胀补偿后的利率。名义利率，是指包括对通货膨胀风险补偿后的利率。市场上的各种利率都是名义利率，实际利率一般是根据已知的名义利率和通货膨胀率推算出来的。名义利率和实际利率间的关系可以表示为：名义利率＝实际利率＋通货膨胀补偿率。

（4）固定利率和浮动利率。按照在借贷期内是否调整，利率可以划分为固定利率和浮动利率。固定利率，是指在借贷期内不做调整的利率。在通货膨胀的情况下，采用固定利率对债权人，尤其是对长期贷款的债权人将带来损失，但对于资金使用者来讲则会带来好处。浮动利率，是指在借贷期内可以按照借贷双方的协议进行调整的利率。浮动利率可以减少由于利率水平波动而对借贷双方带来的影响，但手续比较繁杂，一般用于 3 年以上的借贷及国际金融市场。

2. 影响利率的因素

在金融市场上，影响利率的因素较多，主要包括资金的供需状况、国家货币政策和财政政策、经济周期、通货膨胀。

（1）资金的供需状况。利率是金融市场中资金的交易价格，因此会随着特殊商品——资金的供需变化而变化。利率随着资金供应量的增加而降低，并随着资金需求量的增加而上升，利率是供需的平衡点。

（2）国家货币政策和财政政策。国家的宏观经济政策，尤其是国家货币政策和财政政策对金融市场上的利率有较大的影响。如政府为了防止经济过热，通过中央银行减少货币供应，则资金供应减少，利率上升；相反，政府为了刺激经济发展，增加货币发行量，则资金供应增加，利率下降。

（3）经济运行状况。社会经济运行状况会对金融市场上的利率产生影响。在经济快速发展时期，资金的需求增加，利率水平会上升；相反，在经济衰退时期，资金需求减少，利率水平会下降。

（4）通货膨胀。通货膨胀对金融市场上的利率影响比较明显，通货膨胀会引起利率水平的上升。

3.利率的构成

一般来说，金融市场上的利率由纯粹利率、通货膨胀附加率、变现力附加率、违约风险附加率及到期风险附加率构成，其中，变现力附加率、违约风险附加率及到期风险附加率隶属于风险报酬率。利率构成可用公式表示为：

利率＝纯粹利率＋通货膨胀附加率＋变现力附加率＋违约风险附加率＋到期风险附加率

（1）纯粹利率。纯粹利率，是指无通货膨胀、无风险情况下的平均利率。纯粹利率的高低受社会平均利润率、资金供需关系和相关国家政策的影响。纯粹利率的确定很困难，一般以无通货膨胀条件下无风险证券的利率来代表纯粹利率，如无通货膨胀条件下国库券的利率。

（2）通货膨胀附加率。由于通货膨胀使货币贬值，投资者的真实报酬下降，因此资金供给者在提供资金时，会要求提高利率以补偿其损失，这就是通货膨胀补偿率，或称为通货膨胀附加率。一般无风险证券的利率，可以看作由纯粹利率和通货膨胀附加率构成。

（3）变现力附加率。各种证券的变现能力不同，有的证券容易转让变现，而有的证券不容易转让变现，投资者由此承受着不同的证券变现能力风险。因此，投资者要求提高利率，以补偿证券变现能力方面的风险，这就是变现力附加率。证券的变现能力越差，投资者要求的变现力附加率就越高；相反，则越低。

（4）违约风险附加率。违约风险，是指由于借款人未能按时支付利息或偿还本金而给投资者带来的风险。投资人要求提高利率来补偿这种风险，这就是违约风险附加率。违约风险越大，投资者要求的违约风险附加率越高；相反，则越低。一般通过证券评级来确定违约风险的大小，信用等级越低，违约风险越大，要求的违约风险附加率越高。

（5）到期风险附加率。到期风险，是指由于债务的期限较长而使投资者承担的不确定性因素所带来的风险。投资人要求提高利率来补偿这种风险，这就是到期风险附加率。一般由于受到期风险的影响，长期利率会高于短期利率。但是，有时长期利率会低于短期利率，因为短期投资存在着再投资风险，即投资的债券到期时，由于利率下降而找不到获利较高的投资机会的风险。

（四）资本市场效率

资本市场效率，指资本市场有效配置资金的能力，或指资本市场调节和分配资金的效率，通常是指资本市场能否有效地利用各种信息来组织交易、确定金融资产价格。

有效市场假说（EMH）。有效资本市场是指资产的现有市场价格能够充分反映所有有关可用信息的资本市场。有效资本市场假说，是假设运行的资本市场是完全有效的。有效市场假说有如下两方面的含义。

1. 因为价格及时地反映所有新的消息，投资者只能期望获得正常的收益率。等到信息披露后才认识信息的价值对投资者没有任何好处。实际上，在投资者有时间进行证券交易之前，价格就已经调整了。

2. 公司应当期望从它发行的证券中获得公允的价值，即公司发行证券所收到的价值正好等于净现值。

一般将影响证券价格的信息划分为历史价格信息、公开可用信息、所有相关信息，弱式效率、半强式效率和强式效率的定义可以描述为：

（1）弱式效率。如果某一资本市场上证券的价格充分地包含和反映其历史价格的信息，则该资本市场就具有了弱式效率。

（2）半强式效率。如果某一资本市场上证券的价格充分地反映了所有公开可用的信息，包括历史价格的信息、公开财务报告信息等，则该资本市场就具有了半强式效率。

（3）强式效率。如果某一资本市场上证券的价格充分地反映了所有的信息，包括公开的信息和内幕信息，则该资本市场就具有了强式效率。

第二章　财务管理的价值理念

伴随世界经济联系的进一步增强以及中国对外开放程度的进一步提升，跨国企业加速在中国的布局与发展，同时中国企业也更加融入世界经济发展格局中，为了应对更加激烈的竞争局面，因而全面升级企业财务管理模式是中国企业的必然选择。在企业财务管理中，财务管理价值观念被视作财务管理的哲学灵魂，对推动企业高质量发展极具重要意义。财务管理价值管理由货币时间价值以及风险价值两部分构成。本章主要对财务管理的价值理念进行介绍。

第一节　货币时间价值

一、资金时间价值的概念

（一）货币时间价值的定义

货币的时间价值（TVM），是指货币经过一段时间的投资和再投资所增加的价值。今天的 1 万元和 10 年前的 1 万元，价值绝对是不一样的，这体现了货币的时间属性。

从投资的角度来说，货币的时间价值就是投资者目前拥有的货币相比未来收到的同样金额的货币具有更大的价值，因为投资者目前拥有的货币可以用来进行投资，在目前到未来这段时间里可以重复获利。一般我们认为，货币的时间价值受到通货膨胀的影响，但是即使没有通货膨胀的影响，只要存在投资机会，等值货币的现值就一定大于它的未来价值。

从经济学的角度来说，现在的一单位货币之所以和未来的一单位货币的购买力不同，就是要节省现在的一单位货币，投资者不将它们用来消费而改在未来消费，那么在未来消费时如果有大于一单位的货币可供消费，就是作为弥补延迟消费的资金，这就是货币的时间价值。

投资者必须考虑货币的时间价值，它对于投资产生的广泛作用在于货币的时间价值能反映货币的贬值趋势。所以，在做投资决策、评估投资业绩等很多方面，货币的时间价值都是需要投资者必须全面考虑的因素。另外，如果货币降值，物价相对来说是上升的，此时生产成本就会增加。但是由于生产者需要盈利，因而，就只能提高产品售价，然而消费群体的经济承受能力和心理承受能力有可能停留在原来的水平，这就会造成生产者投资回收的困难。这便迫使生产者提高自己的生产技术，降低生产成本或者达到企业合理并购的情况。这就是国家利用货币的时间价值对生产交易市场调控的全过程。无论是企业还是个人，都想使自己的资产保值或增值，于是人们采取各种各样的措施，通过各种不同的途径来达到货币保值增值的目的。无论是在财务管理上，还是在企业的投资风险评估中，只要是一切有关货币交易的方面，货币的时间价值都起到了积极的作用。

（二）资金时间价值产生的原因

资金时间价值产生的前提条件，是由于商品经济的高度发展和借贷关系的普遍存在，因而，出现了资金使用权与所有权的分离，资金的所有者把资金使用权转让给使用者，使用者必须把资金增值的一部分支付给资金的所有者作为报酬，资金占用的金额越大，使用的时间越长，所有者所要求的报酬就越高。而资金在周转过程中的价值增值是资金时间价值产生的根本源泉。

按照马克思的劳动价值理论，资金时间价值产生的源泉并非表面的时间变化而是劳动者为社会劳动而创造出来的剩余价值。因为如果将一大笔钱放在保险柜里，随着时间的变化不可能使资金增值，而是必须投入周转使用，经过劳动过程才能产生资金时间价值。马克思的剩余价值观揭示了资金时间价值的源泉——剩余价值。资金需求者之所以愿意以一定的利率借入资金，是因此而产生的剩余价值能够补偿所支付的利息。根据剩余价值观点，资金具有时间价值是有条件的，即资金必须用于周转使用，作为分享剩余价值的要素资本参与社会扩大再生产活动。

因此，资金时间价值的概念可以表述为：资金作为要素资本参与社会再生产活动，经过一定时间的周转循环而发生的增值，这种增值能够给投资者带来更大的效用。

对于资金时间价值也可以理解为：如果放弃资金的使用权利（投资、储蓄等），则相对失去某种收益的机会，也就相当于付出一定代价，由此产生的一种机会成本。

（三）资金时间价值的表示

资金的时间价值可用绝对数（利息）和相对数（利息率）两种形式表示，通常用相对数表示。资金时间价值的实际内容是没有风险和没有通货膨胀条件下的社会平均资金利润率，是企业资金利润率的最低限度，也是使用资金的最低成本率。由于资金在不同时点上具有不同的价值，因而不同时点上的资金就不能直接比较，必须换算到相同的时点上才能比较。因此，掌握资金时间价值的计算就很重要。

（四）时间价值的代价

银行贷款已经逐渐成为人们购买汽车或房子等大宗资产时筹措资金的一个重要选择。其中，购房抵押贷款（按揭）作为房地产信贷的一种抵押担保方式，更是为越来越多的置业者熟悉。这是房地产开发商、银行和置业者三方之间的一种约定，一般的方式是置业者将其所购房产（已由置业者预付部分购房款）的全部权益作为抵押向银行贷款，作为支付给开发商的房价款（扣除预付部分），置业者作为贷款人须按约定按期偿还所欠银行债务。在置业者不能按时履行债务时，银行有权处分抵押物并优先得到偿还。

我国房地产市场的蓬勃发展促使这种贷款买房的方式深入人心。对置业者来说，使用按揭方式，不必一次性或短期内支付大笔款项，可以缓解较大的经济压力，将这种压力分摊后延，即所谓的"花明天的钱买今天的房"。但"免费午餐"是不存在的，向银行贷款不可能是无偿的，当贷款合同签订并开始执行后，置业者按期（通常是按月）向银行偿还贷款时，其所支付的款项中有一部分并不是房价款，而是银行将款项贷给置业者所收取的利息。如果对这一点没有清楚的认识，那么当置业者将贷款期限内偿还的款项简单加总时就会吃惊地发现，还给银行的款项要远远大于当初贷款时得到的金额。这是因为，资金的使用不是无偿的，资金时间价值的存在是一个普遍被接受的事实。要使用资金，就要为它的时间价值付出代价。

二、一次性收付款项的终值和现值

一次性收付款项是指在某一特定时点上一次性支出或收入，经过一段时间后再一次性收回或支出的款项。例如，现在将一笔10000元的现金存入银行，5年后一次性取出本利和。

资金时间价值的计算，涉及两个重要的概念：现值和终值。现值又称本金，是指未来某一时点上的一定量现金折算到现在的价值。终值又称将来值或本利和，是指现在一定量的现金在将来某一时点上的价值。由于终值与现值的计算与利息的计算方法有关，而利息的计算有复利和单利两种，因此，终值与现值的计算也有复利和单利之分。在财务管理中，一般按复利来计算。

1.单利的终值和现值

单利是指只对本金计算利息，利息部分不再计息的一种方式。通常用 P 表示现值，F 表示终值，i 表示利率（贴现率、折现率），n 表示计算利息的期数，I 表示利息。

（1）单利的利息

$$I = P \times i \times n$$

（2）单利的终值

$$F = P \times (1 + i \times n)$$

（3）单利的现值

$$P = \frac{F}{1 + i \times n}$$

2.复利的终值

复利是指不仅对本金要计息，而且对本金所生的利息也要计息，即"利滚利"。

复利的终值：

复利的终值是指一定量的本金按复利计算的若干年后的本利和。

复利终值的计算公式为：

$$F=P(1+i)^n=P(F/P,i,n)$$

上式中（$1+i$）n 称为"复利终值系数"或"1 元复利终值"，用符号（F/P，i，n）表示，其数值可查阅 1 元复利终值表。

三、年金的终值和现值

在现实经济生活中，还存在一定时期内多次收付的款项，即系列收付的款项。如果每次收付的金额相等，这样的系列收付款项便称为年金。换言之，年金是指一定时期内，每隔相同的时间等额收付的系列款项。年金的形式多种多样，如保险费、折旧费、租金、税金、养老金等额分期收款或付款、零存整取或整存零取储蓄等，都可以是年金形式。年金具有连续性和等额性特点。连续性要求在一定时间内，间隔相等时间就要发生一次收支业务，中间不得中断，必须形成系列。等额性要求每期收、付款项的金额必须相等。

（一）普通年金

普通年金是指在每期的期末，间隔相等时间，收入或支出相等金额的系列款项。每一间隔期，有期初和期末两个时点，由于普通年金是在期末这个时点上发生收付，故又称后付年金。

1. 普通年金的终值

普通年金的终值是指每期期末收入或支出的相等款项，按复利计算，在最后一期所得的本利和。每期期末收入或支出的款项用 A 表示，利率用 i 表示，期数用 n 表示，那么每期期末收入或支出的款项，换算到第 n 年的终值之和 F 为：

$$F=A+A\times(1+i)^2+\cdots+A\times(1+i)^{n-2}+A\times(1+i)^{n-1}$$

利用等比数列前 n 项和公式，经整理：

$$F = A\times\frac{(1+i)^n-1}{i}$$

其中，$\dfrac{(1+i)^{n-1}}{i}$ 称为"年金终值系数"或"1 元年金终值系数"，记为（F/A，i，n），表示年金为 1 元、利率为 i、经过 n 期的年金终值是多少，可直接查 1 元年金终值表。因此，上式也可写作：

$$F=A\times（F/A，i，n）$$

2. 年偿债基金

年偿债基金是指为了在约定的未来某一时点清偿某笔债务或积聚一定数额的资金而必

须分次等额形成的存款准备金。因为每次形成的等额准备金类似年金存款，因而同样可以获得按复利计算的利息，所以债务实际上等于年金终值，每年提取的偿债基金等于年金 A。也就是说，偿债基金的计算实际上是年金终值的逆运算。计算公式如下：

$$A = F \frac{i}{(1+i)^n - 1}$$

式中的分式 $\frac{i}{(1+i)^n - 1}$ 称作"偿债基金系数"，记为（A/F，i，n，可查阅偿债基金系数表，也可根据年金终值系数的倒数推算出来。即：A/F，i，n）=1/（F/A，i，n）。因此，上式也可以写作：

$$A = F \times (A/F, i, n) = \frac{F}{(F/A, i, n)}$$

利用偿债基金系数可把年金终值折算为每年需要支付的年金数额。

3. 普通年金的现值

普通年金的现值是指一定时期内每期期末等额收支款项的复利现值之和。实际上就是指为了在每期期末取得或支出相等金额的款项，现在需要一次投入或借入多少金额，年金现值用 P 表示，其计算如下：

$$P = A \times (1+i)^{-1} + A \times (1+i)^{-2} + \cdots A \times (1+i)^{-n-1} + A \times (1+i)^{-n}$$

利用等比数列前 n 项和计算公式，整理得：

$$P = A \times \frac{1-(1-i)^{-n}}{i} = A \times (P/A, i, n)$$

其中，$\frac{1-(1-i)^{-n}}{i}$ 称为"年金现值系数"或"1 元年金现值系数"，记作（P/iA，i，n），表示年金 1 元，利率为 i，经过 n 期的年金现值是多少，可查 1 元年金现值表。因此，上式又可写作：

$$P = A \times (P/A, i, n)$$

4. 年资本回收额

年资本回收额是指在约定年限内等额回收初始投入或清偿所欠债务的金额。年资本回收额的计算是年金现值的逆运算。其计算公式如下：

$$A = P \times \frac{i}{1-(1+i)^{-n}}$$

其中，$\dfrac{i}{1-(1+i)^{-n}}$ 称作"资本回收系数"，记作（A/P, i, n），是年金现值系数的倒数，可查表获得，也可利用年金现值系数的倒数来求得。

（二）预付年金

预付年金是指每期收入或支出相等金额的款项是发生在每期的期初，而不是期末，也称先付年金或即付年金。

预付年金与普通年金的区别在于收付款的时点不同，普通年金在每期的期末收付款项，预付年金在每期的期初收付款项。

1. 预付年金的终值

预付年金的终值是其最后一期期末时的本利和，是各期收付款项的复利终值之和。由于其付款时间不同，n 期预付年金终值要比 n 期普通年金终值多计一期的利息。因此，在普通年金的终值的基础上，乘上（$1+i$）便可计算出预付年金的终值。其计算公式为：

$$F = A \times \frac{(1+i)^n - 1}{i} \times (1+i)$$

$$= A \times \frac{(1+i)^{n+1} - (1+i)}{i}$$

$$= A \times \left[\frac{(1+i)^{n+1} - 1}{i} - 1 \right]$$

其中，$\left[\dfrac{(1+i)^{n+1} - 1}{i} - 1 \right]$ 称作"预付年金终值系数"，记作 [（F/A, i, $n+1$)-1]，可利用普通年金终值表查得（$n+1$）期的终值，然后减去 1，就可得到 1 元预付年金终值。

2. 预付年金的现值

虽然 n 期预付年金现值与 n 期普通年金现值的期限相同，但由于其付款时间不同，n 期预付年金现值比 n 期普通年金现值少折现一期，因此，在 n 期普通年金的现值基础上，乘上（$1+i$）便可计算出 n 期预付年金的现值。其计算公式为：

$$P = A \times \frac{1-(1+i)^{-n}}{i} \times (1+i)$$

$$= A \times \frac{(1+i)-(1+i)^{-(n-1)}}{i}$$

$$= A \times \left[\frac{1-(1+i)^{-(n-1)}}{i} + 1 \right]$$

其中，$\left[\dfrac{1-(1+i)^{-(n-1)}}{i} + 1 \right]$ 称作"预付年金现值系数"，记作 $[(P/A, i, n\text{-}1)+1]$，可利用普通年金现值表查得（n-1）期的现值，然后加上 1，就可得到 1 元预付年金现值。

第二节　证券估价

当公司决定扩大企业规模，而又缺少必要的资金时，可以通过出售金融证券来筹集资金。债券和股票是两种最常见的金融证券。当企业发行债券或股票时，无论是筹资者还是投资者都会对该种证券的价值进行合理评估，以决定以何种价格发行或购买证券比较合理。因此，证券估价是财务管理中一个十分重要的问题。

证券的内在价值是投资者获得的未来预期现金流量按投资者要求的必要报酬率在一定期限内贴现的现值。因此，证券的价值受以下三个因素的影响：一是未来各期预期现金流量数值；二是未来预期现金流量的持续时间；三是投资者进行该项投资所要求的必要报酬率，该收益率必须能够补偿投资者认为获取该项资产未来预期现金流量的风险。

证券估价的基本模型可以用如下公式表示：

$$V = \frac{C_1}{(1+r)^1} + \frac{C_2}{(1+r)^2} + \cdots \frac{C_n}{(1+r)^n} = \sum_{t=1}^{n} \frac{C_r}{(1+r)t}$$

式中，符号及其含义如下：

C_t——t 时间内发生的现金流量；

V——资产在 1~n 年内产生的全部预期现金流量 C_t 的现值，即内在价值；

r——投资者要求的必要报酬率；

n——预期现金流量的持续时间。

现金流量贴现模型，对证券进行估价需要事先预期该项证券能产生的未来现金流量的水平、持续时间，预期投资所要求的必要报酬率，然后用投资者要求的报酬率把未来预期现金流量贴现为现值即可。

上述证券估价公式是整个估价过程的基础，下面即将介绍的债券估价和股票估价公式都是它的变形。

一、债券估价

债券是发行者为筹集资金而向债权人发行的，在约定时间支付一定比例的利息，并在到期时偿还本金的一种有价证券。作为一种有价证券，其发行者和购买者之间的权利和义务是通过债权契约固定下来的。

（一）债券的基本要素

债券的基本要素包括以下四个方面。

1. 票面价值

票面上标明的金额，是发行人约定到期偿还的本金。

2. 票面利率

每年的利息与面值的比率，不论市场利率如何变动，票面利率是固定的，按票面利率支付利息。

3. 到期日

票面标明的固定偿还期限。

4. 市场利率

市场利率是决定债券市场价格的主要因素。

（二）债券的特点

债券具有如下特征。

1. 偿还性

债券必须规定到期期限，由债务人按期向债权人支付利息并偿还本金。

2. 收益性

债券能为投资者带来一定的收入，包括债券利息收入和在市场上买卖债券取得的资本收益。

3. 流动性

债券能迅速转变为货币而又不会在价值上蒙受损失的能力，债券的流动性与发行者的信誉和到期期限密切相关。

4. 安全性

债券的安全性是相对于债券价格下跌的风险性而言的，通常流动性高的债券安全性也较高。

（三）债券投资

企业投资是企业将资金投放于某一特定对象，以期在未来获取收益的经济行为。在实际财务活动中，投资有广义和狭义之分。广义的投资既包括对内投资（对流动资产、固定资产、无形资产等的投资），也包括对外投资（债券投资、股票投资、基金投资、期货投资等）；狭义的投资仅指对外投资。

1. 债券投资的目的

债券是债务人依照法定程序发行，承诺按约定利率和日期支付利息，并在特定日期偿还本金的书面债务凭证。

企业进行短期债券投资的目的主要是为了合理利用暂时闲置的资金，调节现金余额，获得适当收益；企业进行长期债券投资的目的则是为了获得稳定的收益。

2. 债券投资决策

进行投资时，最核心的问题就是要弄清楚是否值得投资。若要判断是否值得投资，就应该掌握投资决策的方法。债券投资决策的方法主要有以下两种：

其一，计算债券内在价值，将债券的内在价值与债券现行市价进行比较。债券内在价值是投资者购买债券时可接受的最高市价，若前者大于后者，说明投资者认为债券的市场价格还有可能上涨，现在购买可以获得价差收益；反之，则说明投资者认为债券的价值被高估，其价格随时可能下跌，此时不宜购买债券。

其二，就是确定债券的投资收益率，将债券的投资收益率与企业要求的最低收益率对比来决定是否进行投资。当债券的投资收益率高于企业要求的最低收益率时，可以投资；反之，则不宜投资。

（1）债券内在价值的测算

债券内在价值的测算通常采用现金流量折现法。债券投资带给投资人的现金流入量包括两部分：利息收入和收回的本金。债券内在价值就是将这两部分现金流入量折现的现值之和。我国债券利息的支付方式主要有两种，由此便形成了两种不同的债券内在价值的测算方法。

1）单利计算，到期一次还本付息的债券内在价值测算：

$$V = (M + M \times r \times n) \times (P/F, i, m)$$

式中：V 为债券内在价值；M 为债券面值；r 为票面利率；n 为债券发行期限；i 为投资人要求的必要报酬率；m 为债券持有期限。

2）分期付息，到期还本的债券内在价值的测算：

$$V = I \times (P/A, i, n) + M \times (P/F, i, n)$$

式中：V 为债券内在价值；I 为债券每年的利息；M 为债券面值；i 为投资人要求的必要报酬率；n 为债券持有期限。

（2）债券投资收益率的测算

债券投资收益率是一定时期内债券投资收益与投资额的比率。其中，债券收益主要包括债券利息收入、债券买卖价差的收益；投资额包括购买债券时的买价、佣金、手续费等。

1）短期债券投资收益率的测算

因为短期债券投资的投资期限通常不超过一年，所以在计算收益率时可不考虑资金时间价值、通货膨胀等因素，其收益率主要是指持有期收益率。

债券的持有期收益率是债券持有人在持有期间得到的收益率。其中，债券的持有期是从购入债券至售出债券或者债券到期清偿之间的时间，通常以年为单位表示（持有期的实际天数除以360）。由于利息率、收益率指标多数以年利率的形式出现，债券持有期收益率也可以根据实际情况换算为年均收益率。

持有期收益率=债券持有期间的利息收入+（卖出价–买入价）/债券买入价×100%

持有期年均收益率=持有期收益率/持有年限

持有年限=实际持有天数/360

2）长期债券投资收益率的测算

长期债券持有期限较长，至少超过一年，应考虑资金的时间价值，按每年复利计算持有期年均收益率。即计算使债券带来的现金流入量净现值为零的折现率，也就是计算债券的内涵报酬率，这是债券投资的真实收益率。

①到期一次还本付息的债券：

$$持有期年均收益率 = \sqrt[n]{\frac{M}{p}} - 1$$

式中：P 为债券买入价；M 为债券卖出价或到期兑付金额；n 为债券持有期限。

②分期付息，到期还本的债券：

$$P = I \times (P/A, \ K, \ n) + M \times (P/F, \ K, \ n)$$

式中：P 为债券买入价；I 为债券每年的利息；M 为债券面值；K 为债券持有期年均收益率；n 为债券持有期限。

（四）债券投资的优缺点

1.债券投资的优点

（1）收益稳定

债券票面标明了价值和利率，债券发行人有按时付息的法定义务。

（2）流动性强

债券一般都可以在金融市场上迅速出售，流动性较强。

（3）安全性高

债券投资与股票投资相比风险较小。如果公司破产，债券持有者可以凭借优先求偿权优先于股东分得公司资产。

2. 债券投资的缺点

（1）购买力风险较大

如果投资期间内通货膨胀率较高，则本金和利息的购买力将受到影响。当通货膨胀率很高时，投资者名义上获得收益，实际上遭受损失。

（2）需要承受利率风险

利率随时间上下波动，利率的上升会导致流通在外的债券价格下降。

（3）没有经营管理权

投资于债券只是获得收益的一种手段，投资者并没有权利对债券发行单位施加影响和控制。

二、股票估价

股票投资是证券投资的一个重要方面。股票是虚拟资本的一种形式，它本身没有价值，从本质上讲，股票仅仅是拥有某一所有权的凭证。股票之所以具有了价值，是股票持有人，即股东，不但可以参加股东大会，对股份公司的经营决策施加影响，还享有参与分红与派息的权利，从而获得相应的经济利益。股票投资是一种最具有挑战性的投资，其收益和风险都比较高。

股票有两种基本分类：普通股和优先股。优先股票是特殊股票中最主要的一种，在公司盈利和剩余财产的分配上享有优先权。

两者的主要区别在于：普通股股东享有公司的经营参与权，而优先股股东一般不享有公司的经营参与权；普通股股东的收益要视公司的盈利状况而定，而优先股的收益是固定的；普通股股东不能退股，只能在二级市场上变现，而优先股股东可依照优先股股票上所附的赎回条款要求公司将股票赎回。

（一）股票的基本要素

股票的基本要素包括以下几个方面：

1. 股票价值

股票价值也称股票内在价值。进行股票投资通常是为了在未来获得一定的现金流入，包括每期将获得的股利以及出售股票时得到的价格收入。

2. 股票价格

股票在市场上进行交易时的价格，分为开盘价、收盘价、最高价、最低价等。股票价格波动性较大，影响因素十分复杂。

3.股利

股息和红利的总称，是股东所有权在分配上的体现。但是，只有当公司获得利润并且管理层愿意将利润分给股东而不是将其进行再投资时，股东才有可能获得股利。

（二）股票投资

1.股票投资的目的

企业进行股票投资的目的不外乎两种：一是获取收益，即作为一般的股票投资人，获得股利收入和股票买卖的价差；二是形成控制，即通过购买某一企业大量的股票达到控制该企业的目的。

2.股票投资决策

股票投资决策方法与债券投资相似，基本方法有两种：其一，计算股票内在价值，然后将股票内在价值与股票市价比较以确定是否购买该股票；其二，计算股票投资的内涵报酬率将之与该股票必要报酬率比较，以此做出合理的投资决策。

（1）股票内在价值的测算

股票内在价值的测算也采用现金流量折现法。股票投资带给投资人的现金流入量也包括两部分：股利收入和出售时的资本利得。股票内在价值就是将这两部分现金流入量折现的现值之和。

一般情况下，投资者投资于股票不仅希望得到股利收入，还希望在未来出售股票时从股票价格的上涨中获得好处。此时股票的内在价值为：

$$V = \sum_{t=1}^{n} \frac{d_t}{(1+i)^t} + \frac{F}{(1+i)^n}$$

式中：V 为股票价值；d_t 为第 t 期预计股利；i 为投资人要求的必要报酬率；F 为未来出售净额；n 为股票持有期限。

（2）长期持有、股利固定不变的股票

在股利每年稳定不变，投资人持有时间很长的情况下，股票内在价值的计算公式可以简化为：

$$V = D/K$$

式中：V 为股票价值；D 为每年获得的固定股利；K 为投资人要求的必要报酬率。

（3）长期持有、股利固定增长的股票

如果一个公司的股利不断增长，投资人的投资期限又无限延长，则股票的估价就比较困难了，只能计算其近似数。在股利按固定的年增长率增长的情况下，若 D_0 为上年度股利，D_1 为预计第一年股利，g 为股利增长率，则：

$$V = D_1 / (K-g) = D_0 \times (1+g) / 1 (K-g)$$

（4）长期持有、股利分阶段增长的股票

在现实生活中有的公司股利是不固定的，预计未来一段时间内股利将高速增长，接下来的时间则为正常固定增长或固定不变，则可以分别计算高速增长、正常固定增长、固定不变等各阶段未来收益的现值，各阶段现值之和就是股利非固定增长情况下的股票价值。

2. 股票投资收益率的测算

股票投资收益率也是一定时期内股票投资收益与投资额的比率。其中，股票收益主要包括股利收入、股票买卖价差的收益；投资额包括购买股票时的买价、佣金、手续费等。

（1）短期股票投资收益率

短期股票投资因持有期限短，通常也不用考虑资金的时间价值和通货膨胀因素，主要计算持有期收益率。

股票的持有期收益率是指股票持有人在持有期间得到的收益率。其中，股票的持有期是从购入股票到出售之间的时间，通常以年为单位表示（持有期的实际天数除以360）。股票持有期收益率可以根据实际情况换算为年均收益率。

持有期收益率 = 股票持有期间的股利收入 +（卖出价 – 买入价）/ 债券买入价 ×100%

持有期年均收益率的计算与债券相同。

（2）长期股票投资收益率

长期股票投资的收益率计算要考虑资金的时间价值因素。企业进行股票投资，每年获得的股利是经常变动的，当企业出售股票时，也可获得一定的收益。长期股票投资收益率的计算也就是计算股票投资的内涵报酬率，这是股票的真实收益率。可采用以下公式：

$$P = \sum_{t=1}^{n} \frac{d_t}{(1+K)^t} + \frac{F}{(1+K)^n}$$

式中：P 为股票购买价格；d_t 为每年获得的股利；K 为股票投资收益率；F 为股票的出售价格；n 为投资期限。

（三）股票投资的优缺点

1. 股票投资的优点

（1）投资收益高

虽然普通股票的价格变动频繁，但优质股票的价格总是呈上涨趋势。随着股份公司的发展，股东获得的股利也会不断增加。只要投资决策正确，股票投资收益是比较高的。

（2）能降低购买力风险

普通股票的股利是不固定的，随着股份公司收益的增长而提高。在通货膨胀时期，股份公司的收益增长率一般仍大于通货膨胀率，股东获得的股利可全部或部分抵消通货膨胀带来的购买力损失。

（3）流动性强

上市股票的流动性很强，投资者有闲散资金可随时买入，需要资金时又可随时卖出。这既有利于增强资产的流动性，又有利于提高其收益水平。

（4）拥有一定的经营控制权

投资者是股份公司的股东，有权参与或监督公司的生产经营活动。当投资者的投资额达到公司股本一定比例时，就能实现控制公司的目的。

2. 股票投资的缺点

（1）普通股的收入不稳定

普通股股利的多少，视企业经营状况和财务状况而定，其有无、多少均无法律上的保证，风险远远大于固定收益证券。

（2）普通股价格波动频繁

普通股的价格受众多因素影响，如政治因素、经济因素、投资者心理因素、企业盈利状况等，使得股票价格很不稳定，风险也较大。

（3）普通股对公司资产和盈利的求偿权居于最后

公司破产时，股东的投资可能得不到全数补偿，甚至可能一无所有。

（四）股票的估价方法

股票有两种基本类别：普通股和优先股。两种股票的估价方法不同，下面分别进行介绍。

1. 优先股估价

优先股是介于债券和普通股之间的一种混合证券。优先股的价值是其未来股利按投资者要求的报酬率贴现的现值。优先股在各期间支付固定的股利，这一特点使其具有债权固定利息的特征。有到期期限的优先股价值计算可用如下公式表示：

$$V = D \times PVIFA_{r,\,n} + P \times PVIF_{r,\,n}$$

式中，符号及其含义如下：

V——优先股价值；

D——优先股每年支付的股息；

r——贴现率，即股票投资者所要求的报酬率；

P——发行公司回购优先股的价格；

n——年份。

事实上，大多数优先股按季度支付股利。因此，对于有到期期限的优先股而言，价值计算可用如下公式表示：

$$V = A \times PVIFA_{(r/4)\%} + P \times PVIF_{(r/4)\%,\,4n}$$

大多数优先股是永续的，这一特点使其具有永续年金的特征。因此，对于没有到期期限的优先股而言，计算其价值可以将上述计算公式简化为：

$$V = \frac{D}{r}$$

2. 普通股估价

普通股估价与债券估价本质上都是将未来的现金流量折算到当前时点。但由于普通股的未来现金流量由公司股利政策决定，并不确定，因此普通股估价与债券估价存在差异。

假设股东永远持有股票，则他只获得现金股利收入，因此股票的价值是永续的股利现金流量的现值，基本公式如下：

$$V = \frac{D_1}{(1+r)^1} + \frac{D_2}{(1+r)^2} + \frac{D_3}{(1+r)^3} + \cdots = \sum_{n=1}^{\infty} \frac{D_n}{(1+r)n}$$

式中，符号及其含义如下：

V——股票价值；

D——各期收到的股息；

r——贴现率，即股票投资者所要求的报酬率；

n——年份。

假设股东不打算永久持有股票，而是在一段时间后出售，则他获得的现金流入包括股利收入和股票出售时的售价两部分，此时的基本公式为：

$$V = \frac{D_1}{(1+r)^1} + \frac{D_2}{(1+r)^2} + \cdots + \frac{D_n}{(1+r)^n} + \frac{P_n}{(1+r)^n} = \left[\sum_{n=1}^{n} \frac{D_n}{1+r^n} \right] + \frac{p_n}{(1+r)^n}$$

式中及其含义如下：

P_n——第 n 期末股票售价；

n——股票买进后投资者准备持有的期限。

事实上，当前一个投资者将股票出售后，买入这只股票的接替投资者所能得到的未来现金流量就是其持有期间所得到的公司派发的现金股利和再次出售所得到的售价。如果将一个个投资者串联起来，连续地考虑股票买入和卖出的过程，可以发现股票出售时的售价相互抵消了。普通股真正能够给投资者提供的回报，就是发行公司向股东派发的现金股利。因此，普通股的价值计算可以用如下公式来表：

$$V = \frac{D_1}{(1+r)^1} + \frac{D_2}{(1+r)^2} + \frac{D_3}{(1+r)^3} + \cdots = \sum_{n=1}^{\infty} \frac{D_n}{(1+r)^n}$$

由上式可知，股票估价需要预测未来无穷期的所有现金股利，这显然是不可能的。因此，股票估价通常基于一定的假设条件。

假设每年的股利稳定不变，则投资者持有期间，股票估价公式可以简化为：

$$V = \frac{D}{(1+r)^1} + \frac{D}{(1+r)^2} + \frac{D}{(1+r)^3} + \cdots = \frac{D}{r}$$

上式称为零增长模型。零增长模型是一种非常简化的模型，适用于比较粗糙的估计。虽然计算非常简单，但适用范围十分有限。

假设股票的现金股利在基期 D_0 的基础上按固定速度 g 不断增长，则股票估价公式为：

$$V = \frac{D_0(1+g)}{(1+r)^1} + \frac{D_0(1+g)^2}{(1+r)^2} + \cdots + \frac{D_0(1+g)^n}{(1+r)^n} + \cdots$$

$$= D_0 \sum_{n=1}^{\infty} \frac{(1+g)^n}{(1+r)^n} = \frac{D_0(1+g)}{1-g} = \frac{D_1}{r-g}$$

上式称为固定增长模型。固定增长模型也是比较简化的模型，因为任何一家公司的股票都不会是严格的常数增长型。但是股票市场作为国民经济的浓缩和反映，其增长应该和GDP 同步，因此，固定增长对股票市场是一个比较合理的假设。

第三节　风险与收益

财务活动的过程伴随着经济利益的协调，它是通过各个利益主体的讨价还价以便实现收益风险均衡予以达成的。风险报酬均衡观念对于证券估价、筹资管理、营运资本管理等具有重要影响。因此，在研究各项具体的财务管理内容之前，有必要掌握和理解风险报酬均衡的基本概念及相关计算方法。

一、风险与收益的概念

对于大多数投资者而言，投资是为了在未来赚取更多的资金。收益为投资者提供了一种恰当地描述投资项目财务绩效的方式。收益大小可以用收益率来衡量。例如，某投资者购入 10 万元的证券，一年后获得 12 万元，那么这一年的投资收益率为 20%。

收益率的基本计算公式如下：

$$r = \frac{P_1 - P_0}{P_0}$$

式中，符号及其含义如下：

r ——投资于某一项资产所获得的收益率；

P_0 ——该资产的期初价值；

P_1 ——该资产的期末价值。

风险是指在一定条件下和一定时期内可能发生的各种结果的变动程度。风险是事件本身的不确定性，投资者不能主观去改变，但是是否愿意承担风险、承担多大风险是投资者可以主观选择的。

项目投资所面临的风险来自许多方面，多种因素都会在不同程度上影响项目投资所能实现的收益率。

风险一般有以下五种分类。

1. 项目投资风险

一个项目可能会比预期拥有更高的或更低的现金流量，这可能是因为投资项目分析者错误地估计了该项目的现金流入或是因为该项目的一些特有的因素。投资多元化、分散化可以有效降低投资风险。

2. 项目竞争风险

公司任何一个项目的收入和现金流量都会受到竞争对手行为的影响。显然，公司难以通过投资多元化来消除竞争风险，但是公司股东可以通过持有其竞争对手的股票来降低这一风险。

3. 行业特有风险

行业特有风险作为影响一个特有行业的收入和现金流量的因素，必然会影响到公司的项目投资收益。公司股东可以通过持有不同行业股票的投资组合来分散行业特有风险。

4. 市场风险

市场风险通常指影响所有公司和所有项目投资的宏观经济因素，如利率变化。投资者很难通过创造风险投资组合（如股票）来分散风险，因为所有风险投资价值都受到市场风险的影响。

5. 汇率风险

当一家公司计算收入和股票价格所使用的货币不同于其现金流量计算所使用的货币时，就面临着汇率风险。在不同国家投资且持有多种货币的国际投资者，在一定程度上可以分散汇率风险。

公司的财务决策几乎都是在包含风险和不确定性的情况下做出的。离开了风险，就无法正确评价公司收益的高低。风险是客观存在的，按风险的不同，公司的财务决策可以分为三种类型。

（1）确定型投资

决策者对未来情况已知或者基本确定，可以明确知道投资结果。例如，购买国债，到期时投资者可以按规定取得预期利息并收回本金。确定型投资在所有投资活动中非常少见。

（2）风险型投资

投资者对投资的未来情况不能完全确定，但事先知道所有可能出现的结果，以及每种结果出现的概率。例如，抛一枚硬币，结果只有两个——正面或者反面，并且两者的概率各为50%。

（3）不确定型投资

投资者事先不知道投资决策的所有可能结果，或者虽然知道可能出现的结果，但并不知道它们出现的概率。例如，股票投资的结果可能有三种——盈利、保本、亏损，但是无法知道这三种结果出现的概率。

从理论上说，不确定型投资是无法计量的。但是在财务管理的实践中，通常为不确定型投资主观规定一些概率，以便进行定量分析。规定了主观概率后，不确定型投资就等同于风险型投资了。因此，财务管理学对不确定型投资和风险型投资并不做严格区分，统称风险型投资。

任何一项风险型投资，不论是固定资产投资还是证券投资，投资者总是在风险和收益率之间相互权衡。通常，投资者承担的风险越大，期望的收益率也就越高；投资者对风险采取谨慎保守的态度，那么期望的收益率也会比较低。

二、单项投资风险与收益

单项投资的风险和收益是指某一投资项目方案实施后，将会出现各种投资结果的概率。常用的方法是把项目投资价值看成随机变量，运用概率统计思想来衡量项目投资的风险和收益情况。

（一）单项投资的收益分析—概率分布

概率是指随机事件发生的可能性大小。人们通常把确定发生的事件概率定为1，确定不会发生的事件概率定为0，而一般随机事件的概率介于0和1之间。投资活动可能出现的各种收益情况可以看成一个个随机事件，其发生的可能性可以用相应的概率描述。概率分布即为一系列可能的结果以及每种结果发生的可能性大小。

假设有两个投资项目，其收益情况的概率分布如表2-1所示。从表中可以看出，市场经济状况繁荣的概率为30%，此时A项目收益率可达80%，而B项目收益率为40%；市场经济状况正常的概率为50%，此时两个项目的收益率比较适中；市场经济状况衰退时，A项目出现亏损，B项目收益率为10%。

表2-1　A、B两项目的风险与收益概率分布

市场经济状况	各类状况发生的概率	各类需求状况下的收益率	
		A项目	B项目
繁荣	0.3	80%	40%
正常	0.5	20%	30%
衰退	0.2	-60%	10%
合计	1	22%	29%

（二）单项投资的收益分析—预期收益率

由于投资结果的不确定性，因此，未来的投资收益会出现多种可能。投资的预期收益率是由各种可能的收益率按其概率进行加权平均而得到的，它反映了一种集中趋势。其计算公式为：

$$\bar{r} = P_1 r_1 + P_2 r_2 + \cdots + P_n r_n = \sum_{i=1}^{n} P_i r_i$$

式中，符号及其含义如下：

$\bar{r}$——各种可能结果的加权平均数；

r_i——第 i 种可能的结果；

P_i——第 i 种结果出现的概率；

n——所有可能结果的数目。

根据表 2-1 所示，A 项目的预期收益率为：

$$\bar{r}_A = 0.3 \times 80\% + 0.5 \times 20\% + 0.2 \times (-60\%) = 22\%$$

B—项目的预期收益率为：

$$\bar{r}_B = 0.3 \times 40\% + 0.5 \times 30\% + 0.2 \times 10\% = 29\%$$

（三）单项投资的风险分析—变异系数

在两种预期收益率相同而标准差不同的投资方案之间进行选择时，投资者会选择标准差较小的方案，以降低风险；相应地，在两种标准差相同而期望报酬率不同的投资方案之间选择时，投资者会选择期望报酬率较高的方案。投资者都想以尽可能小的风险获得尽可能大的收益。

然而当两个投资项目中，一个预期收益率较高，另一个标准差较小，就不能再单独使用用标准差来判断了。

比较期望收益不同的投资项目的风险大小，采用变异系数这一指标。变异系数等于标准差与预期收益率的比值，用如下公式表示：

$$CV = \frac{\sigma}{\bar{r}}$$

变异系数的经济含义是，为了获得每个单位的预期收益所需要承担的风险。变异系数实际上是把标准差按照预期收益进行平均化的过程。在预期收益不同的情况下，变异系数越大，则为了获得单位收益所需要承担的风险越大；变异系数越小，则为了获得单位收益所需要承担的风险越小。

（四）单项投资风险与收益小结

在互斥的投资决策中，决策者的基本原则是选择高收益低风险的项目。具体有以下几种情况：

1. 若 n 个方案预期收益率基本相同，应选择标准差小的方案；

2. 若 n 个方案标准差基本相同，应选择预期收益率大的方案；

3. 若 A 方案的期望值大于 B 方案，且标准差小于 B 方案，则选择 A 方案；

4. 若 A 方案的期望值大于 B 方案，且标准差大于 B 方案，则选择变异系数较小的方案。

三、投资组合风险与收益

（一）投资组合理论

投资组合理论是由马科维茨首次提出的，成为现代投资理论的起源，为现代金融资产定价理论的建立和发展奠定了基础。该理论主要解决投资者如何衡量不同的投资风险以及如何合理组合自己的资金以取得最大收益问题。该理论认为组合金融资产的投资风险与收益之间存在一定的特殊关系，投资风险分散具有规律性。

马科维茨的投资组合理论是基于一定的假设之上的：第一，假设市场是有效的，投资者能够得知金融市场上多种收益和风险变动及其原因。第二，假设投资者都是风险厌恶者，都愿意得到较高的收益率，如果要他们承受较大的风险则必须以得到较高的预期收益作为补偿。风险是以收益率的变动性来衡量的，用统计上的标准差来代表。第三，假定投资者根据金融资产的预期收益率和标准差来选择投资组合，而他们所选取的投资组合具有较高的收益率或较低的风险。第四，假定多种金融资产之间的收益都是相关的，如果得知每种金融资产之间的相关系数，就有可能选择最低风险的投资组合。

根据上述假设，马科维茨通过"预期收益——方差分析"方法对投资组合的风险进行了衡量。衡量 N 项资产形成的投资组合的风险，公式如下：

$$\sigma_P^2 = \sum_{i=1}^{n} W_i^2 \sigma_i^2 + \sum_{i=1}^{n} \sum_{j=1}^{n} W_i W_j \sigma_j$$

其中，W_i 为第 i 项资产在投资组合整体中的投资比例，σ_{ij} 为第 i 项资产和第 j 项资产期望收益的协方差，n 为投资组合中资产的种数。

从上式可知，当投资组合是由 N 种资产组成时，组合总体的方差是由 N^2 个项目，即 N 个方差和 $N(N-1)$ 个协方差组成。随着投资组合中资产个数的增加，单个资产的方差对投资组合总体的方差形成的影响会越来越小；而资产与资产之间的协方差的影响将越来越大。当投资组合中的资产数目达到非常大时，单个资产的方差对投资组合总体方差形成的影响几乎可以忽略不计。

基于马科维茨的投资组合理论的假设，即"假设投资者都是风险厌恶者，都愿意得到较高的收益率，如果要他们承受较大的风险则必须以得到较高的预期收益作为补偿"，投资者都希望实现在同等风险条件下的投资收益最大化或同等收益条件下的投资风险最小化。通过投资组合可以分散投资风险。

在现实证券市场上，各种证券的收益率之间不存在完全的正相关关系，即当收益率发生变动时，不同的证券收益率之间不会存在完全一致的同步变化关系，而是会出现同方向但不同幅度，或者反方向的变化情形。这样可以使风险在不同的证券之间在一定程度上相互抵消,从而降低整个投资组合的风险。投资组合中选取的证券种类越多,风险相互抵消的作用也就越显著。但随着证券种类的增加,风险减少的程度逐渐递减,直到非系统风险完全抵消,只剩下由市场因素引起的系统风险。

研究马科维茨的投资组合理论的目的在于:在投资决策中,寻求一种最佳的投资组合,即在同等风险条件下收益最高的投资组合或在同等收益条件下风险最小的投资组合。

(二)协方差和相关系数

在一个投资组合中如果某一投资项目的收益率呈上升趋势,其他投资项目的收益率可能上升,也可能下降或者保持不变。在统计学中,计算投资组合中任意两个项目的收益率之间变动关系的指标是协方差或者相关系数,这也是投资组合风险分析中的两个核心概念。

协方差是一个测量投资组合中一个投资项目相对于其他项目风险的统计量。本质上,组合内各投资组合相互变化的方式影响着投资组合的整体方差,从而影响其风险。

协方差的计算公式为:

$$C_{OV}(r_1, r_2) = \frac{1}{n} \sum_{i=1}^{n} (r_{1i} - \overline{r_1})(r_{2i} - \overline{r_2})$$

协方差的计算结果可正可负。正负表示两个投资项目之间收益率变动的方向。为正则表示两个项目的收益率变动方向相同,即正相关;为负则表示两个项目的收益率变动方向相反,即负相关。协方差绝对值越大,则两个项目的收益率关系越密切;绝对值越小,则两个项目的收益率关系越疏远。

协方差给出的是两个变量相对变动的绝对值,有时投资者更需要了解这种相对变动的相对值,即相关系数。相关系数是将协方差标准化后的结果。将协方差除以两个投资项目的标准差之积,得出一个与协方差具有相同性质却没有量化的数值,即为相关系数。

相关系数的计算结果同样可正可负。为正则表示两个项目的收益率变动方向相同,即正相关;为负则表示两个项目的收益率变动方向相反,即负相关。相关系数总是在 -1.0~+1.0 的范围内变动,-1.0 表示完全负相关,+1.0 表示完全正相关,0 表示不相关。

相关系数的计算公式如下:

$$\sigma_{12} = \frac{C_{OV}(r_1, r2)}{\sigma_1 \sigma_2}$$

(三)投资组合的风险与收益

投资组合的总风险通常包括两部分:系统风险和非系统风险。

系统风险是指市场报酬率整体变化所引起的市场上所有资产的报酬率的变动性,从而使投资者遭受经济损失的可能性。系统风险包括政策风险、经济周期性波动风险、利率风险、购买力风险、汇率风险等。这种风险不能通过分散投资加以消除,因此又被称为不可分散风险。系统风险可以用贝塔系数来衡量。

非系统风险是指对某个行业或个别证券产生影响的风险，它通常由某一特殊的因素引起，与整个证券市场的价格不存在系统的全面联系，而只对个别或少数证券的收益产生影响。也称微观风险。例如，公司的工人罢工，新产品开发失败，失去重要的销售合同，诉讼失败或宣告发现新矿藏等。这类事件是非预期随机发生的，它只影响一个或少数公司，不会对整个市场产生太大的影响。这种风险可以通过多样化投资来分散，即发生于一家公司的不利事件可以被其他公司的有利事件所抵消。因为非系统风险是个别公司或个别资产所特有的，所以也称"特有风险"。由于非系统风险可以通过投资多样化分散掉，因此也称"可分散风险"。

系统风险对投资组合的影响程度可以用户系数来衡量。β 系数可以衡量某投资项目或投资组合的收益率随着市场组合的报酬率变化而有规则的变化的程度。因此，β 系数被称为系统风险指数。其计算公式为：

$$\beta_i = \frac{\sigma_{im}}{\sigma_m^2}$$

式中，符号及其含义如下：

β_i——单个证券的 β 系数；

σ_{im}——单个证券收益与市场收益的协方差；

σ_m^2——市场收益的方差。

β 系数通常由相应的机构计算并公布。β 系数的数值可正可负。当 $\beta=1$ 时，表示该证券的收益率与市场平均报酬率呈相同比例的变化，风险状况也与市场组合的风险状况一致；当 $\beta > 1$ 时，表示该证券的风险大于市场组合的风险；当 $\beta < 1$ 时，表示该证券的风险小于市场组合的风险。

投资组合的 β 系数是单个证券 β 系数的加权平均，权重是各种证券在投资组合中所占的比重。在其他因素不变的情况下，风险收益取决于证券组合的 β 系数。β 系数越大，风险收益越大；β 系数越小，风险收益越小。β 系数反映了证券收益对系统性风险的反应程度。投资组合的 β 系数计算公式为：

$$\beta_P = \sum_{i=1}^{n} \bar{\omega}_i \beta_i$$

式中，符号及其含义如下：

β_P——投资组合的 β 系数；

ω_i——第 i 种证券在投资组合中所占的比重；

β_i——第 i 种证券的 β 系数。

投资者进行证券投资与进行单项投资一样，都要求对承担的风险进行补偿。风险越大，所要求的收益越高。但是，与单项投资不同，证券组合投资要求补偿的只是系统风险，不要求对非系统风险进行补偿。因此，证券组合的风险收益是投资者因承担非系统风险而要求的、超过时间价值的那部分额外收益，可用如下公式进行计算：

$$R_P = \beta_P(R_M - R_F)$$

式中，符号及其含义如下。

R_P——投资组合的风险收益率；

β_P——投资组合的 β 系数；

R_M——所有证券的平均收益率，即市场收益率；

R_F——无风险收益率。

四、主要资产定价模型

投资者只有在预期收益足以补偿其承担的投资风险时才会投资于风险性项目。根据风险收益均衡原则，风险越高，必要收益率也越高。一些基本的资产定价模型将风险和收益率联系在一起，把收益率表示成风险的 β 数。下面介绍几种主要的资产定价模型。

（一）资本资产定价模型

1. 资本资产定价理论（SLM）的简介

资本资产定价模型是在马科维茨均值方差理论基础上发展起来的，它继承了其的假设，如，资本市场是有效的、资产无限可分等。这个模型认为：资产或投资组合的期望收益率取决于三个因素：

（1）无风险收益率 R_f，一般将一年期国债利率或者银行三个月定期存款利率作为无风险利率，投资者可以以这个利率进行无风险借贷；

（2）风险价格，即 $[E(R_m) - R_f]$，是风险收益与风险的比值，也是市场组合收益率与无风险利率之差；

（3）风险系数 β，是度量资产或投资组合的系统风险大小尺度的指标，是风险资产的收益率与市场组合收益率的协方差与市场组合收益率的方差之比，故市场组合的风险系数 β 等于1。资本资产定价模型是第一个关于金融资产定价的均衡模型，同时也是第一个可以进行计量检验的金融资产定价模型。模型的首要意义是建立了资本风险与收益的关系，明确指明证券的期望收益率就是无风险收益率与风险补偿两者之和，揭示了证券报酬的内部结构。

2. 模型

资本资产定价模型另一个重要的意义是，它将风险分为非系统风险和系统风险。非系统风险是一种特定公司或行业所特有的风险，它是可以通过资产多样化分散的风险。系统风险是指由那些影响整个市场的风险因素引起的，是股票市场本身所固有的风险，是不可以通过分散化消除的风险。资本资产定价模型的作用就是通过投资组合将非系统风险分散掉，只剩下系统风险。并且在模型中引进了 β 系数来表征系统风险。

在马科维茨的投资组合理论的基础上，国外某学者提出了资本资产定价模型。该理论以资本市场线为研究切入点，即研究当市场上存在无风险资产且市场达到均衡的情况下，投资者最优投资组合与市场组合在期望收益率与风险上存在的联系，并进一步运用资本资产定价模型为单个证券的风险测定提供了基本的数理模型，通过将资产的预期收益率与 β 系数相关联，从理论上探讨在分散化投资中如何有效计量某项证券的风险。

在资本资产定价模型中，某种证券（或组合）的期望收益率就是无风险收益率加上该种证券的系统风险溢价。即：

$$R_j = R_f + \beta_j (R_m - R_f)$$

其中，R_j 为第 j 种证券的期望收益率或投资者要求的收益率（在市场均衡条件下，两者相等），R_f 为无风险收益率（通常用政府债券利率表示），R_m 为市场投资组合收益率，$(R_m - R_f)$ 为市场风险溢价，β_j 为第 j 种证券的贝塔系数，$(R_m - R_f)\beta_j$ 为第 j 种证券的风险溢价。

在资本资产定价模型中，β 系数是一种系统风险指数，它用于衡量个别证券收益率的变动对于市场组合收益率变动的敏感性。β 系数可以是正数，也可为负数。通常将市场组合的 β_m 系数定义为1，无风险资产的 β 系数定义为0。如果某种证券的风险情况与整个证券市场的风险相一致，则其系数等于1；如果某种证券的系数大于1，说明其风险程度大于整个市场风险;反之，如果某种证券的系数小于1，则说明其风险程度小于整个市场风险。

（1）两种风险

1）系统风险

指市场中无法通过分散投资来消除的风险也被称作为市场风险(market risk)。比如说，利率、经济衰退、战争，这些都属于不可通过分散投资来消除的风险。

2）非系统风险

也被称作为特殊风险（Unique risk 或 Unsystematic risk），这是属于个别股票的自有风险，投资者可以通过变更股票投资组合来消除的。从技术的角度来说，非系统风险的回报是股票收益的组成部分，但它所带来的风险是不随市场的变化而变化的。现代投资组合理论(Modern portfolio theory)指出特殊风险是可以通过分散投资(Diversification)来消除的。即使投资组合中包含了所有市场的股票，系统风险亦不会因分散投资而消除，在计算投资回报率的时候，系统风险是投资者最难以计算的。

（2）投资理论

1）凯恩斯选美论

选美论是由英国著名经济学家凯恩斯（John Maynard Keynes）创立的关于金融市场投资的理论。凯恩斯用选美论来解释股价波动的机理，认为金融投资如同选美，投资人买入自己认为最有价值的股票并非至关重要，只有正确地预测其他投资者的可能动向，才能在投机市场中稳操胜券，并以类似击鼓传花的游戏来形容股市投资中的风险。

2）随机漫步理论（Random Walk Theory）

某外国学者提出了随机漫步理论，认为股票交易中买方与卖方同样聪明机智，现今的股价已基本反映了供求关系；股票价格的变化类似于化学中的分子"布朗运动"，具有随机漫步的特点，其变动路径没有任何规律可循。因此，股价波动是不可预测的，根据技术图表预知未来股价走势的说法，实际上是一派胡言。

3）现代资产组合理论（MPT）

某美国经济学家首次应用资产组合报酬的均值和方差这两个数学概念，从数学上明确地定义了投资者偏好，并以数学化的方式解释投资分散化原理，系统地阐述了资产组合和选择问题，标志着现代资产组合理论的开端。该理论认为，投资组合能降低非系统性风险，一个投资组合是由组成的各证券及其权重所确定，选择不相关的证券应是构建投资组合的目标。它在传统投资回报的基础上第一次提出了风险的概念，认为风险而不是回报，是整个投资过程的重心，并提出了投资组合的优化方法。

4）有效市场假说（EMH）

某位美国芝加哥大学金融学教授提出有效市场假说。有效市场假说有一个颇受质疑的前提假设，即参与市场的投资者有足够的理性，并且能够迅速对所有市场信息做出合理反应。该理论认为，在法律健全、功能良好、透明度高、竞争充分的股票市场，一切有价值的信息已经及时、准确、充分地反映在股价走势当中，其中包括企业当前和未来的价值，除非存在市场操纵，否则投资者不可能通过分析以往价格获得高于市场平均水平的超额利润。

有效市场假说提出后，便成为证券市场实证研究的热门课题，支持和反对的证据都很多，是最具争议的投资理论之一。尽管如此，在现代金融市场主流理论的基本框架中，该假说仍然占据重要地位。

5）行为金融学（BF）

美国普林斯顿大学的某位心理学教授通过发表的文章，建立了人类风险决策过程的心理学理论，成为行为金融学发展史上的一个里程碑。

行为金融学是金融学、心理学、人类学等有机结合的综合理论，力图揭示金融市场的非理性行为和决策规律。该理论认为，股票价格并非只由企业的内在价值所决定，还在很大程度上受到投资者主体行为的影响，即投资者心理与行为对证券市场的价格决定及其变动具有重大影响。它是和有效市场假说相对应的一种学说，主要内容可分为套利限制和心理学两部分。

现今成型的行为金融学模型还不多，研究的重点还停留在对市场异常和认知偏差的定性描述和历史观察上，以及鉴别可能对金融市场行为有系统影响的行为决策属性。

大致可以认为，经典投资理论的大厦已基本完成。在此之后，世界各国学者所做的只是一些修补和改进工作。例如，对影响证券收益率的因素进行进一步研究，对各种市场异相进行实证和理论分析，将期权定价的假设进行修改等。

6）演化证券学（EAS）

进入二十一世纪，我国某演化分析专家在其专著及一系列研究成果中，创造性提出股票市场是基于人性与进化法则的复杂自适应系统理论体系，首次建立了演化证券学的基本框架和演化分析的理论内涵。该学说运用生命科学原理和生物进化思想，以生物学范式（Biological Paradigm）全面和系统阐释股市运行的内在动力机制，为解释股市波动的各种复杂现象，构建科学合理的投资决策框架，提供了令人信服的依据。

作为一个全新的认识论和方法论体系，演化证券学摒弃证券市场行为分析中普遍流行的数学和物理学范式，突破机械论的线性思维定式和各种理想化假设，重视对"生物本能"和竞争与适应的研究，强调人性和市场环境在股市演化中的重要地位；认为股市波动在本质上是一种特殊的、复杂多变的生命运动，而不是传统经济学认为的线性的、钟摆式的机械运动，其典型特征包括：代谢性、趋利性、应性、可塑性、应激性、异性、节律性等。这就是为什么股市波动既有一定规律可循，又难以被定量描述和准确预测的最根本原因。

比较常用的演化证券学模型，主要有如下几种：MGS模型、BGS模型、AGS模型、PGS模型、IGS模型、VGS模型、RGS模型等。

当前，除了学科内部的纵深发展外，金融学领域的学科交叉与创新发展的趋势非常明显。作为介于生物学和证券学之间的边缘交叉学科，演化证券学已成为证券投资界的新兴研究领域，对于揭示股票价格形成机制及其演变规律，推动现代金融理论的多学科融合发展，都具有十分重要的理论和实践意义。

（二）多因素模型

资本资产定价模型的一个核心假设条件是，均值和标准差包含了资产未来收益率的所有相关信息。这种假设很难实现，因为影响资产预期收益率的因素很多。原则上资本资产定价模型认为资产的预期收益率取决于单一因素，但是在现实中多因素模型更符合实际。因为即使无风险收益率保持稳定，受风险影响的那部分风险溢价仍然可能受到多重因素的影响。

假设有 n 种相互独立的因素影响系统风险，此时证券收益率将会是一个多因素模型。在市场均衡的状态下，某项风险资产的预期收益率与其所承担的风险之间的关系可以用以下公式表示：

$$R_i = R_F + R(F_1, F_2, \cdots, F_n) + \varepsilon$$

式中，符号及其含义如下：

R_i——第 i 种证券或投资组合的必要收益率；

R_F——无风险收益率；

F_n——n 个影响因素；

$R(F_1, F_2, \cdots, F_n)$——n 个影响因素的函数；

ε——非系统风险带来的递增收益。

（三）套利定价模型

1. 套利定价理论（APT）的简介

鉴于资本资产定价模型的两个固有局限性，即经济假设条件较多和该模型只考虑了一个自变量。美国的经济学家提出了套利定价模型，它从一个更广泛的角度来研究和说明风险资产的均衡定价问题。与资本资产定价模型一样，套利定价理论是以完全竞争和有效资本市场为前提，分析和探讨风险资产的收益发生过程。套利定价理论继承了证券间具有相关性的思想，假定证券收益率是由与资本资产定价模型完全一样的过程产生，但是它认为证券的实际收益并不只是笼统地受市场组合变动的波动性影响，而分别受经济中许多其他因素影响，如国内生产总值增长，预期的通货膨胀，税率变化以及股利等。因此，证券分析的目的在于识别经济中这些因素及证券收益对这些因素变动的不同敏感性。

2. 套利定价理论与资本资产定价理论的比较

（1）两者的联系

套利定价理论和资本资产定价理论都是研究证券的组合投资理论的。即如何实现风险一定情况下的收益最大化或收益一定情况下的风险最小化，以降低证券投资活动的风险。套利定价理论是在资本资产定价理论的基础上发展起来的。实际上，资本资产定价模型是套利定价理论在单一因素条件下的一种特例。两者具体的共同点如下：

1）随着经济的发展，现代资本市场的有效性不断提高，使得投资者对单一风险和市场风险都很关注。套利定价模型和资本资产定价模型都是为了解决一个共同的问题，即如何给风险合理定价的问题。

2）两种模型都假定了资本市场上不存在交易成本或交易税，或者都认为如果存在交易成本、交易税，则其对所有的投资者而言都是相同的。

3）两者都将存在的风险划分为系统风险和非系统风险，也就是市场风险和公司自身的风险，并且两种模型都认为通过投资的多元化组合，通过投资者的合理优化投资结构，他们能大部分甚至完全消除公司自身存在的风险。

（2）两者的区别

1）对风险的解释度不同。在资本资产定价模型中，证券的风险只用某一证券和对于市场组合的 β 系数来解释。它只能告诉投资者风险的大小，但无法告诉投资者风险来自何处，它只允许存在一个系统风险因子，那就是投资者对市场投资组合的敏感度。而在套利定价模型中，投资的风险由多个因素来共同解释。如国内生产总值增长，预期的通货膨胀，税率变化以及股利等。这说明套利定价模型不仅能告诉投资者风险的大小，还能告诉他风险来自何处，影响程度多大。

2）前提假设不同。①资本资产定价模型的假设条件：投资者都在同一个证券持有期计划自己的投资；所有的投资者有同样的期望；投资者可以以无风险利率进行任意数量的借或贷；所有资产都是完全可分的；无税和交易成本；所有投资者都是价格接受者，即他们的买或卖不会影响股票价格；有资产的数量都是给定的。②套利定价模型的假设条件：卖空不受限制；无交易成本；有足够多的证券可以利用。

由以上可看出，资本资产定价模型中对投资期、投资者类型、投资者预期等方面的假设都是套利定价模型中不做任何规定的。资本资产定价模型和套利定价模型对投资者类型的假定不同。前种模型假定了投资者属于风险回避型；而后者并没有对投资者对待风险的偏好做出规定。由此可见，套利定价模型在投资者群体上的实用性大大增加了。

3）市场保持平衡的均衡原理不同。在资本资产定价模型下，它已基本假定了投资者对每种证券的收益和风险的预期都相同，都为理性投资者。他们在选择投资或投资组合的过程中，所有人都会选择高收益、低风险的组合，而放弃低收益、高风险的投资项目，直到被所有投资者放弃的投资项目的预期收益达到或超过市场平均水平为止。而在套利定价模型中，并没有假定所有投资者对每项资产的风险和收益预期相同，它允许投资者为各种类型的人，但是由于部分合理性的投资者会使用无风险套利的机会，卖出高价资产、证券，买入低价资产、证券，从而促使市场恢复到均衡状态。

4）实用性不同。资本资产定价模型把收益的决定因素完全归结于外部原因，它基本上是在均衡分析和理性预期的假设下展开的。比如，该模型假设投资者对价格具有相同的估计，这显然是不现实的，而且证券市场是完备、有序竞争的假设也给该理论的应用带来了偏差，这从实用性的角度来看是不能令人信服的，而且统计测试存在的一些问题使得对资本资产定价模型的实证检验很难实现。还有不容忽视的一点是投资者的要求报酬率是基于未来的风险水平，而贝塔系数的计算使用的是历史数据。而套利定价模型则去掉了许多假设条件，在一个更现实的环境中研究风险——收益的均衡关系，所以具有更大的现实性和可验证性。

5）适用范围不同。资本资产定价模型可适用于各种企业，特别适用于对资本成本数额的精确度要求较低，管理者自主测算风险值能力较弱的企业；而套利定价模型适用于对资本成本数额的精确度要求较高的企业，其理论自身的复杂性又决定了其仅适用于有能力对各自风险因素、风险值进行测量的较大型企业。

按照资本资产定价模型的构思，应用 β 分析法的投资者愿意接受与市场相等或接近的收益率，排除了投资者比市场干得更好的可能性——它否定了证券的选择性和分析家识别优良证券的投资能力。事实并非如此，随机游走理论家们从根本上反对资产组合理论，他们认为未来的收益率是不可能预计的，因为股票的短期波动全然无法预测。在他们看来，组合的构建只不过是一种有趣的数学游戏而已。相对于资本资产定价模型而言，套利定价模型有以下优点：

第一，对证券的收益分析有较少的假定；

第二，对投资者的效用函数并无要求严格的假定；

第三，不必计量对应于市场组合的报酬率。

虽然套利定价理论是在资本资产定价理论的基础上发展起来的，并且去掉了一些前提假设条件，使之更符合现实条件，但套利定价理论本身没有指明影响证券受益的是些什么因素，哪些是主要的因素，以及因素数目的多寡。所以套利定价模型在现实中被接受缓慢。一般而言，像诸如国民生产总值增长率、通货膨胀率、利率、公司资信、付息等均属影响证券收益的基本因素，但重要因素在 10 个左右。所以对风险—收益模型还需要更多的研究以建立一个在理论上更加合理，能够得到实证检验，并且容易使用的模型，以指导投资者的理财行为。

3. 模型

套利定价模型的基本原理是根据唯一价格规则，风险性质相同的两种资产不可能产生不同的收益结果，否则投资商将出现套利行为，而套利的结果必然是使两种资产的收益率趋于一致，使市场重新达到均衡。它的核心是假设不存在套利机会（套利机会是指在无风险又无资本的情况下，利用不同市场上同一资产或同一市场上不同资产的价格之间暂时存在的不合理关系，从投资中获取利益的机会）。即通过构造套利定价模型，给出在一定风险下满足无套利条件的资产的收益率（定价），在这一收益率下，投资者仅能得到无风险利率决定的收益，而不能得到额外利润。

套利定价模型是基于套利定价理论，从多因素角度考虑证券收益，假设证券收益是由一系列产业方面和市场方面的因素确定的。

套利就是在两个不同的市场上以两种不同的价格同时买入和卖出证券，通过在一个市场上低价买进并同时在另一个市场上高价卖出，套利者就可以在无风险的情况下获利。

套利定价模型与资本资产定价模型都是建立在资本市场效率的原则上，套利定价模型仅仅是在统一框架之下的另一种证券估价方式。套利定价模型把资产的收益率放在一个多变量的基础上，它并不试图规定一组特定的决定因素，而是认为，资产的预期收益率取决于一组因素的线性组合。相对于资本资产定价模型，套利定价理论更加一般化，因此，在一定条件下，资本资产定价模型是套利定价理论的特殊形式。

套利定价理论认为，由于投资者追逐无风险的套利机会，因而使得各资产的预期收益满足以下公式，即无套利机会的市场均衡条件为：

$$R_i = R_F + \beta_{j1}(\bar{r}_{F1} - R_F) + \beta_{j2}(\bar{r}_{F2} - R_F) + \cdots + \beta_{ji}(\bar{r}_{Fi} - R_F)$$

式中，符号及其含义如下：

R_i——第 i 种证券或投资组合的必要收益率；

R_F——无风险收益率；

n——影响资产收益率的因素的个数；

$\overline{r}_{F1}, \overline{r}_{F2}, \cdots, \overline{r}_{Fn}$——因素 1~$n$ 各自的预期收益率；

$\beta_{j1}, \ \beta_{j2}, \cdots, \ \beta_{jn}$——因素 1~$n$ 表示该资产对于不同因素的敏感程度。

第三章 财务预算管理

财务预算管理是企业管理的重要手段，是在预测和决策的基础上，围绕企业战略目标，对一定时期内资金的取得和投放、各项收入和支出、经营成果及其分配等资金运作所做的具体措施。企业财务预算管理伴随着时代的进步已经发展成了一种先进的企业管理模式，企业财务预算也成为各企业领导层高度重视的一个问题。它不仅能影响企业的可持续发展，也能影响企业综合实力的提高。财务预算管理作为预算管理的核心，其重要性不言而喻。本章主要对财务预算管理进行详细介绍。

第一节 预算管理概述

一、预算的概念

共享服务中心的建设必然会导致企业在组织、流程方面进行重组，而这也将必然导致相关业务在风险控制上的重点变化，特别是在面对财务管理人员一定程度上从原有的业务单元剥离并集中到财务共享服务中心的情况下，及时、有效的业务风险控制在财务共享服务的模式下显得尤其重要。预算作为衔接战略和业务执行的工具，其本身也是业务风险控制的重要手段，考虑到共享服务中心建设引起的相关组织和流程重组，合理规划的预算检查、控制和反馈机制对于推进业务从事后控制转向事中、事前控制，同时降低业务风险而言具有显著的价值。因此，我们建议在进行共享服务中心流程变革以及配套信息系统落地时，应当重点考虑在必要的业务环节增加相关业务在线预算检查。预算是一种用来合理配置企业实物、财力、人力等资源，以保证企业既定的战略目标能够实现的一种系统的方法。通过进行预算管理工作，可以有效对企业目标实现过程进行实时监控，合理分析并预测企业未来一段时间的财务情况、现金流与经营利润等内容，有效地把控成本费用的支出。

预算必须与企业的战略和目标保持一致，数量化和可执行性是预算最主要的特征。预算是将企业活动导向预定目标的有力工具，在企业财务管理中发挥着重要作用，主要表现在以下几方面。

1. 预算有利于企业经营达到预期目标

在企业预算的执行过程中，各部门将实际数与预算数对比，可及时发现问题，并采取有效措施调整偏差，消除薄弱环节，从而使企业的经济活动按预定的目标进行。因此，预算具有规划、控制、引导企业经济活动有序进行，以最经济有效的方式实现预定目标的功能。

2. 预算可以实现企业内部各个部门之间的协调

从系统论的观点看，局部计划的最优化，对全局来说不一定是最合理的。例如，企业生产部门可能编制一个能充分利用现有生产能力的生产计划，但销售部门可能无力将这些产品销售出去，财务部门也可能认为无法筹集到所需资金。可见，企业的销售、生产和财务等部门可以分别编制出适合各自部门的最优计划，但是该计划在其他部门却不一定能实现预算的综合平衡。合理的预算能使各部门管理人员清楚地了解本部门在全局中的地位和作用，促使他们的经济活动相互协调、密切配合。

3. 预算可以作为业绩考核的标准

预算确定的各项量化指标也是考核或评定各部门工作业绩的主要依据。根据财务预算的完成情况，分析实际偏离预算的差异程度和原因，对各部门和员工进行考核评价，并据此明确责任、进行奖惩和安排人事任免等。

二、预算管理的主要内容

1. 预算的特征与作用

（1）预算的特征

预算是企业在预测、决策的基础上以数量和金额的形式反映企业未来一定时期内经营、投资、财务等活动的具体计划，是为实现企业目标而对各种资源和企业活动做出的详细安排。

通常，预算具有以下一些特征：首先，预算与企业的战略或目标保持一致，因为预算是为实现企业目标而对各种资源和企业活动所做的详细安排；其次，预算是数量化的并且具有可执行性，因为预算作为一种数量化的详细计划，它是对未来活动的细致、周密安排，是未来经营活动的依据。因此，数量化和可执行性是预算最主要的特征。

（2）预算的作用

预算的作用主要表现在以下三个方面：预算通过引导和控制经济活动，使企业经营达到预期目标；预算可以实现企业内部各个部门之间的协调；预算可以作为业绩考核的标准。

2. 预算的分类

预算的具体分类见表 3-1。

表 3-1　预算分类表

根据预算内容的不同	业务预算	业务预算也称为经营预算，是指与企业日常经营活动直接相关的经营业务的各种预算	包括销售预算、生产预算、直接材料预算、直接人工预算等
	专门决策预算	专门决策预算是企业不经常发生的、一次性的重要决策预算	如资本支出预算
	财务预算	财务预算是企业在计划期内反映有关预计现金收支、财务状况和经营成果的预算	包括现金预算、预计利润表和预计资产负债表等内容
注意：财务预算也称为总预算，其他预算称为辅助预算或分预算			
从预算指标覆盖的时间长短划分	短期预算	通常将预算期在一年以内（含一年）的预算称为短期预算	
	长期预算	预算期在一年以上的称为长期预算	
注意：一般情况下，企业的业务预算和财务预算多为一年期的短期预算，年内再按季或月细分，而且预算期间往往与会计期间保持一致；专门决策预算属于长期预算。			

3. 预算体系

各种预算是一个有机联系的整体。一般将由业务预算、专门决策预算和财务预算组成的预算体系，称为全面预算体系。

4. 预算工作的组织

预算工作的组织包括决策层、管理层和考核层、执行层，具体详见表 3-2。

表 3-2　预算工作组织表

机构	职责	层级
董事会或类似机构	对企业预算管理负总责。根据情况设立预算委员会或指定财务管理部门负责预算管理事宜，并对企业法定代表人负责	决策层
预算委员会或财务管理部门	拟定预算的目标、政策，制定预算管理的具体措施和办法，审议、平衡预算方案，组织下达预算，协调解决预算编制和执行中的问题，组织审计、考核预算的执行情况，督促企业完成预算目标	管理层和考核层
财务管理部门	具体负责企业预算的跟踪管理，监督预算的执行情况，分析预算与实际执行的差异及原因，提出改进管理的意见与建议	
企业内部职能部门	具体负责本部门业务涉及的预算编制、执行、分析等工作，并配合预算委员会或财务管理部门做好企业总预算的综合平衡、协调、分析、控制与考核等工作。其主要负责人参与企业预算委员会的工作，并对本部门预算执行结果承担责任	
企业所属基层单位	负责本单位现金流量、经营成果和各项成本费用预算的编制、控制、分析工作，接受企业的检查、考核。其主要负责人对本单位财务预算的执行结果承担责任	执行层

三、预算控制数据的来源

预算是企业战略规划到战略执行的重要衔接工具，它作为组织营运的准绳，指导和规范企业相关业务的计划与执行，也用于组织资源运用实际效果与目标之间的比较、评价。因此，通常企业预算数据基本上是企业战略发展目标、相关业务领域的业务计划经过业务目标协同、财务数字化的结果。对于已经实施了全面预算的企业，用于预算控制的预算数据毫无疑问均应当来自企业基于战略目标设定的年初预算以及根据业务推进情况修正的调整预算。无论企业是否实施了预算编制的信息系统，在进行预算管理时都将基于一定的预算数据表格进行预算的编制和后续预算执行过程的扣减、监控和分析。

1. 手工的预算数据录入 / 导入

以手工的方式录入或者导入预算数据到 FSSC 业务平台，是预算数据接入最基础的方法，根据预算数据录入和导入方式的差异，主要包括以下类型的预算录入 / 导入方法。

（1）按照预算分录凭证的方式：以"预算责任单元 + 预算科目 + 分录凭证类型 + 分录凭证日期"的明细方式进行预算的录入，该方式具有最大的灵活性，包括 SAP FM 在内的预算控制系统均采用此模式。

（2）按照预算汇总数的方式：直接以"预算责任单元 + 预算科目 + 预算类型 + 可用预算金额"的预算汇总数据的方式实现预算数据的录入，该方式直接以汇总数体现可用预算金额，操作简便、易于理解。

2. 通过系统接口的预算数据接入

随着包括 SAP BPC/BPS/Hyperion 等在内的预算系统在企业的广泛应用，全面预算编制过程已经逐步实现了系统内的固化。通过预算编制系统在预算主数据、预算模板、预算函数、预算流程以及历史预算数据、实际业务数据、实际核算数据等方面的功能与数据支持，企业预算编制准确性提升的同时预算编制的周期和成本也大幅降低，借助预算接口等工具，企业在预算编制到执行到反馈完整的业务循环的管理水平也有较大幅度的提高。因此，对于已经实施了上述预算编制系统的企业，我们建议优先通过接口的方式实现预算数据到财务共享业务平台的数据接入。

3. 完成预算调整的系统

在综合报账系统实施的过程中，对于预算调整应当由哪个系统来完成的问题经常被提及。在不同的项目上有不同的解决方案，但是基于预算系统与执行系统不同的系统定位，预算系统应当作为预算数据的唯一源头系统。因此，从年初预算的编制、年中预算的调整、集团层面预算调整到日常预算的调整均应当基于预算系统完成，通过预算的多版本管理实现不同版本的预算数据的保存、调用和分析，这样不但有利于预算编制、调整，有利于反馈全流程基于预算系统的线上流程管理，也有利于推动预算在编制、调整过程中的谨慎性。与 SAP 推荐的预算管理最佳实践的管理理念相似，作为预算执行系统中的一类，综合报账系统仅接收最终用于预算控制的执行数据，即所有预算编制、调整完成后的数据通过接口的方式接入综合报账系统。

四、预算控制的系统实现方式

预算检查和控制的核心逻辑无外乎可用预算金额与当前申请金额的取得和比较，但在取得可用预算金额和当前申请金额的过程中往往涉及大量的数据计算，因此，在进行信息系统逻辑固化时应当对相关计算逻辑进行充分论证。在基于 SAP Net Weaver CE 系统的 FSSC 共享业务平台的预算控制的系统落地时，通常可以借助 SAP 基金管理（Funds Management）的预算控制系统（Budget Control System）标准模块实现预算的检查与控制功能。而对于一些复杂的、更加具有个性化特色的预算检查与控制需求，则可以借助基于 SAP CE 的自定义开发的整体逻辑体系实现相应的预算功能，可以借鉴 FM 的预算逻辑进行整体设计、实施。

1. 基于套装软件标准预算控制模块实现在线的预算检查与控制

包括 SAP、Oracle 等在内的 ERP 成熟套装软件均预置了标准化、可配置的预算控制模块，用以实现针对部门等特定预算责任单元、预算科目给定预算金额进行预算检查、控制的功能，这些功能普遍成熟度、稳定度高，因此，在推进预算控制规则落地的过程中，可以优先考虑借助此类标准功能实现相关需求，下面我们以 SAP ECC ERP 为例说明预算控制在标准模块下的实现方案。

在 SAP ECC 中，FM（Funds Management）模块下的 BCS 子模块能够为企业提供便捷、高度可配置的预算管理尤其是预算控制的功能，与一般软件预算控制方式类似，FM 预算控制体系的构成可以从预算主数据与预算控制逻辑两个角度进行理解。

以下将重点介绍 SAP FM 预算控制逻辑的核心构成，即预算主数据和预算控制逻辑。

（1）预算主数据

在 SAP FM 预算控制中，被广泛用到的预算主数据主要有基金中心与承诺项目，基于"基金中心＋承诺项目"的方式实现包括初始、补充预算数据的录入、耗用，可用预算管理以及预算执行分析等在内的复杂的预算管理功能。

基金中心作为预算的责任单位，可以和成本中心架构保持一致，也可以按需求进行差异化设置。基金中心是 SAP FM 中预算组织单元的核心，基金中心代表对预算的制定和执行负有责任的组织实体，在预算管理业务实践中它又被称为预算部门或者预算责任单元。

承诺项目在系统中承担了预算科目的角色，是一套平行的科目体系，可以和财务科目实现差异化的设置。另外，SAP 系统可以按年设定不同的预算科目体系以满足企业不断变化的预算管理需求。

（2）预算控制逻辑

SAP FM 模块可以满足对管理费用等的相对定额控制、绝对定额控制以及变动费用的弹性比例控制。同时，借助承诺预算与实际预算的概念引入，SAP FM 模块能够提供深入到业务前端的预算可用性检查。

承诺预算的概念即为承诺发生但实际尚未发生的业务所对应的金额,随着业务的推进,承诺的业务最终转化为企业实际的费用支出和后续的资金支出,即表示承诺的预算占用转化为实际的预算耗用。

以采购申请与采购订单执行过程为例,承诺预算是指在采购申请和采购订单阶段就要对其进行管理控制。而对于非采购业务(如需要对费用报销的业务申请)进行承诺预算控制,SAP FM 提供"基金预留"的方式来完成"承诺预算"的占用以及对应的预算可用性检查,这和 SAP 物料管理模块的"物料预留"具有一定的业务逻辑上的相似性,可以确保在业务发生之前即进行必要的预算控制。由此可见,FM 的预算控制逻辑可以实现对集成业务、手工凭证记账业务的在线检查和控制,也可以根据客户化需要进行一定程度的逻辑配置。

举例如下:

1)采购申请创建:本环节为采购业务的发起阶段,当采购申请经由业务经办人提出后,即由采购申请单占用 30000 元的承诺预算,可用预算额度扣减对应的金额。

2)采购申请审批:当采购申请通过审批后,承诺预算仍然由该采购申请单进行占用,占用的金额保持不变。

3)采购订单创建:随着业务的推进,采购申请转化为采购订单后,由于订单的金额和申请的金额保持一致,因此原来由采购申请单占用的 30000 元的承诺预算更新为由采购订单占用。

4)采购订单审批:审批环节由于不涉及金额的变更,承诺预算继续由采购订单占用,占用的金额不发生变化,依然为 30000 元。

5)物资收货:在本环节中,采购订单计划采购的物资已经完成部分收货,收货的金额为 10000 元,由于这部分收到的工程物资并没有完成实际的领用,因此仍然为承诺预算,但承诺预算占用的主体已经发生变更,承诺预算由采购订单占用 20000 元,由工程物资占用 10000 元。

6)物资发货到项目:随着物资被实际领用,原来由工程物资占用的 10000 元承诺预算转化为 10000 元的实际预算。

7)发票校验:工程物资后续收到发票并完成了系统的发票校验动作后,由于本场景下的发票与原收货金额存在 0.5 元的差异,此时系统将更新实际预算的金额,由原来的 10000 元更新为 10000.5 元,对应承诺预算加实际预算的占用金额更新为 30000.5 元。

另外,SAP FM 模块通过预算控制参数文件以及相关的系统配置功能可以实现灵活的控制方法的定义,以满足客户对于预算控制规则的灵活的在线配置与调整需求。

当可用预算 <90% 时:系统允许全部的费用过账。

当可用预算 ≥ 90% 但 <100% 时:在执行费用过账时,系统提示警告消息(也可以按

照需求配置自动的邮件发送），但仍然允许过账。

当可用预算≥100%时：系统直接提示报错信息，且不允许提交过账。

2. 基于自定义逻辑实现在线的预算检查与控制

该方案不需要启用独立的预算主数据（如基金中心、承诺项目），可直接使用ECC成熟的成本中心、成本中心组、会计核算科目、会计科目组实现灵活的预算数据录入和预算控制功能，通过建立成本中心组（预算控制责任单元）、会计科目组（预算科目）的方式实现相关基金中心、承诺项目相应功能的同时还能保证足够的灵活性。

（1）预算相关数据表设计

在自定义预算消耗与检查逻辑时，需要设计相应的初始预算与已消耗预算的数据表，通过计算并比较已消耗的预算金额和初始的预算金额的大小关系，确定业务单据在提交时是否超出预算，并将成功提交的业务单据对应的业务金额记入预算消耗数据表。

其中初始预算（包含追加预算）表作为预算初始的来源表，它的存储来自预算编制系统或线外基于Excel表格的预算编制结果，这张表记录的预算金额即为初始可用预算金额。

在设计预算耗用表时，结合前面所谈及的预算行为，这里需要考虑的主要是承诺的预算表和实际耗用的预算表，其中承诺的预算表建议直接建立在FSSC综合报账系统中，而实际消耗的预算表则直接引用ERP系统中的成本费用实际过账汇总表（此处仍然以SAP ECC ERP为例）。

FSSC综合报账系统记录的是各类业务申请单和业务报账单，这些申请单和报账单又可以进一步划分为已清单据和未清单据，其中已清单据占用的预算金额都已经转为实际预算的占用，因此可以直接从账务系统中获取其金额，而未清单据则仅以承诺的方式占用预算，因此需要基于单据在线取得。

预算占用金额将在业务申请单、费用报销单的单据提交、修改环节中自动、实时进行更新。例如，基于申请单提交费用报销单时，费用报销单自动进行预算的占用，而与其关联的业务申请单则自动减少其所占用的预算金额。

因此，只需要将FSSC综合报账系统预算消耗业务表依据条件进行金额的累加即可以获取这些未清业务单据的承诺占用金额。

而对于已清单据的预算占用金额，我们建议直接通过在线的Web Service等接口访问方式取得账务系统中的记录。例如，直接基于SAP的成本费用记账汇总表（COSP表）取得相关成本中心、费用科目的实际过账金额。

（2）承诺预算占用金额的计算方法

基于上述设计，FSSC综合报账系统记录的预算数据全部为承诺预算，因此，仅需要根据条件加总所有未清业务申请单、业务报账单的预算占用金额即可。承诺预算占用金额的计算步骤如下：

1）由于预算控制按照成本中心组＋会计科目组的方式进行，因此，首先需要将成本中心、会计科目转换成本中心组、会计科目组。

2）如果成本中心组、会计科目组有相同组合，则需要合并。

3）根据成本中心组＋费用科目组取得指定年度全部未清业务申请单、全部未清费用报销单所记录的预算占用金额，该金额即为 FSSC 综合报账系统全部的未清承诺预算占用金额。

（3）实际消耗预算金额的计算方法

承诺预算转为实际预算的标志为相关费用单据的金额全部过账完成，因此，实际消耗预算直接通过在线的 Web Service 等接口访问方式取得账务系统中的记录即可。

可用公式预算金额＝初始可用预算金额－承诺预算占用金额－实际消耗预算金额计算。

1）初始可用预算金额：根据成本中心组＋费用科目组在"初始预算数据表"中取得指定期间全部的初始可用预算金额。

2）承诺预算占用金额：参考前一章节相关逻辑的阐述。

3）实际消耗预算金额：参考前一章节相关逻辑的阐述。

当用户提交费用申请单或者费用报销单时，系统自动根据计算出的可用预算金额与提单的金额进行比较，若提单金额超出可用预算余额，则可以根据预先设定的规则提示相应的信息或者直接禁止此次业务单据的提交。

五、预算的分类

1. 预算按其内容不同，可分为日常业务预算（经营预算）、特种决策预算和财务预算。日常业务预算是指与企业日常经营活动直接相关的经营业务的各类预算。主要包括销售预算、生产预算、直接材料耗用量及采购预算、应交税金及附加预算、直接人工预算、制造费用预算、产品成本预算、销售及管理费用预算等。特种决策预算是指企业不经常发生的、一次性的重要决策预算，如资本支出预算。财务预算是指企业在计划期内反映有关预计现金收支、财务状况和经营成果的预算，主要包括现金预算、预计利润表、预计资产负债表等。

2. 预算按其预算期的长短，可分为长期预算和短期预算。预算编制的覆盖时间可以视企业实际需要和预算的内容而定，可以是一月、一季、半年、一年或若干年等。通常将预算期在 1 年以内的预算称为短期预算，预算期在 1 年以上的预算称为长期预算。一般情况下，企业预算期间往往与会计期间保持一致，业务预算和财务预算多为 1 年期的短期预算，年内再按季或月细分。可见，在预算编制的过程中，需要结合各项预算的特点，将长期预算和短期预算结合使用。

六、预算的体系

各种预算是一个有机联系的整体。一般由日常业务预算、专门决策预算和财务预算组成的预算体系，称为全面预算体系。

全面预算是一种公司整体规划和动态控制的管理方法，是对公司整体经营活动的一系列量化的计划安排。全面预算的有效推行将为公司各下属单位确定具体可行的努力目标，同时也建立了必须共同遵守的行为规范。全面预算是执行战略过程中进行管理监控的基准和参照，也是企业业绩评价的基础和比较对象。全面预算管理的过程就是企业目标分解、控制和实现的过程。预算管理在企业中的作用是经过对企业运营的规划、分析和数量化的系统编制，使得企业目标得以具体化。预算目标的制定为控制绩效评估及信息反馈提供标准，企业就可以从人治转变为管理机制。预算制定时各部门的沟通可以减少各单位操作中的隔阂，同时也明确各部门责任分工。预算计划编制可以协调企业资源，使企业达到资源最优化配置，并通过预算分析调整达到利润最大化，也为企业考核、奖励、激励员工提供了依据。

在企业预算和其他预算管理的关系中，预测是对市场趋势的理性预期，预算就是基于预测提出的对策性方案、计划的数量表述，它对未来收入、现金流量和财务状况进行的预测量化。预算与财务：预算包括财务计划，但不仅仅是财务计划；全面预算管理体系中的任何过程都是管理和控制以及协调的过程，财务起着举足轻重的作用。预算与其他相关业务管理：预算管理是企业运营管理的重要组成部分，它与企业中其他相关业务管理如生产管理、销售管理、采购管理等的共同作用才承载了企业管理的成功。

七、预算管理的职能

1. 规划职能

预算是对企业未来经营情况的预测，预算过程按照企业经营目标与职能规划将其层层分解，下达到企业各个负责部门当中。各个部门根据自身的目标做出详细的计划安排，以确保每个人每个部门有自己的工作目标和任务，确保上级与下级工作目标的一致性。企业的每名员工都会编制自身的工作计划并且积极地投入到工作中，经过一定的过程后最终实现公司的整体目标，使公司经营有计划、有目的地实现企业的价值和目标。

2. 控制与监督职能

预算管理是一个严格按照设定标准进行管理的模式，它将涉及企业运营过程中的方方面面。第一，预算的编制过程是对经济业务发生的提前预测，是对经济活动发生的事前控制，通过合理的分析与预测，明确企业近期的经营目标，以防止发生不必要的风险。第二，在执行预算的过程中，实施部门以及上级部门可以实时监控预算完成的进度情况，并且判定其是否符合预算标准，对于出现的与预算目标不符的特殊事项进入特殊批准渠道，判断其是否需要调整，通过这种事中控制以保证在预算实施过程中预算目标的实现。第三，在预算管理过程中最后一项过程是对预算实施结果的分析与考评，在分析的过程中披露本次工作中存在的缺陷与不足，分析实际工作与预算目标出现偏差的原因，落实责任，为下一期的工作进行指正，更好地部署工作，实现事后控制。

3.考核激励职能

预算目标的设定是对企业具体经营目标的合理预测，将其落实到每一位员工的工作内容中，每位员工根据自己的任务目标制订工作计划，到了期末可以根据完成工作的进度与质量对员工的工作情况进行考核与评价，根据评价结果合理地对员工进行奖励与惩罚。通过绩效考评可以激发员工的工作热情和潜在能力，促使企业全体员工不断提高自己，将个人价值的实现同公司战略目标的完成相关联从而奉献自己的努力。

综合以上相关理论基础的分析，财务共享服务是新型财务管理模式，预算管理也是企业集团必备的管理过程。财务共享服务基于信息技术系统，是一个统一标准化的控制流程，具备高效、便捷的功能；实施预算的目的是有效控制企业成本费用的耗费，与财务共享服务降低成本，为企业经营战略服务的目标恰当吻合。通过财务共享服务可以合理保证预算执行的合理性、合规性，两者在企业的经营管理中必不可少，所以理论上两者拥有一定的协同性，具备部分功能融合的基础。

第二节　预算的编制方法与程序

一、预算的编制方法

企业可以根据不同的预算项目，分别采用固定预算、弹性预算、增量预算、零基预算、定期预算和滚动预算等方法编制各种预算。

（一）增量预算法与零基预算法

按其出发点的特征不同，编制预算的方法分为增量预算法和零基预算法。

1.增量预算法

增量预算法是指以基期成本费用水平为基础，结合预算期业务量水平及有关降低成本的措施，通过调整有关费用项目而编制预算的方法。该种方法在编制过程中需遵循以下一些假设：

（1）企业现有业务活动是合理的，不需要进行调整。

（2）企业现有各项业务的开支水平是合理的，在预算期内予以保持。

（3）以现有业务活动和各项活动的开支水平确定预算期各项活动的预算数。增量预算法的缺陷是可能导致无效费用开支项目无法得到有效控制，因为不加分析地保留或接受原有的成本费用项目，可能使原来不合理的费用继续开支而得不到控制，形成不必要开支合理化，造成预算上的浪费。

2. 零基预算法

零基预算全称为"以零为基础编制计划和预算的方法"，是在编制费用预算时，不考虑以往会计期间所发生的费用项目或费用数额，而是一切以零为出发点，从实际需要逐项审议预算期内各项费用的内容及开支标准是否合理，在综合平衡的基础上编制费用预算的一种方法。

零基预算法的编制程序如下：

（1）企业内部各级部门的员工，根据企业的生产经营目标，详细讨论计划期内应该发生的费用项目，并对每一费用项目编写一套方案，提出费用开支的目的以及需要开支的费用数额。

（2）划分不可避免费用项目和可避免费用项目。对于不可避免费用项目必须保证资金供应；对于可避免费用项目，则需要逐项进行成本与效益分析。

注意：不可避免费用，是指通过管理当局的决策行动不能改变其数额的费用，如管理人员的工资、固定资产的租金等；可避免费用，是指通过管理当局的决策行动可以改变其数额的成本，如广告费、职工培训费等。该类费用的开支对企业的业务经营肯定有好处，但其支出数额的多少并非绝对不可改变。

（3）划分不可延缓费用项目和可延缓费用项目。应优先安排不可延缓费用项目的支出，然后再根据需要，按照费用项目的轻重缓急确定可延缓项目的开支。

注意：不可延缓费用，是指已选定的某一方案，即使在企业财力负担有限的情况下，也不能推迟执行，否则会影响企业大局，那么与这一方案相关的费用，即为不可延缓费用，如污染治理费用等；可延缓费用，是指在企业财力负担有限的情况下，对已决定选用的某一方案如推迟执行，还不影响企业的大局，那么与这一方案有关的费用，即为可延缓费用，如新建办公楼的费用。

零基预算的优点表现在：不受现有费用项目的限制；不受现行预算的束缚；能够调动各方面节约费用的积极性；有利于促使各基层单位精打细算，合理使用资金。其缺点主要是编制工作量大。

（二）固定预算法与弹性预算法

编制预算的方法按其业务量基础的数量特征不同，可分为固定预算法和弹性预算法。

1. 固定预算法

固定预算法又称静态预算法，是指在编制预算时，只根据预算期内正常、可实现的某一固定的业务量（如生产量，销售量等）水平作为唯一基础来编制预算的方法。其缺点主要是适应性差、可比性差。

2. 弹性预算法

弹性预算法又称动态预算法，是在成本性态分析的基础上，依据业务量、成本和利润之间的联动关系，按照预算期内可能的一系列业务量（如生产量、销售量、工时等）水平编制系列预算的方法。

理论上，弹性预算法适用于编制全面预算中所有与业务量有关的预算，但实务中主要用于编制成本费用预算和利润预算，尤其是成本费用预算。

注意：选择业务量的计量单位。以手工操作为主的车间，就应选用人工工时；制造单一产品或零件的部门，可以选用实物数量；修理部门可以选用直接修理工时等，确定适用的业务量范围。一般来说，可定在正常生产能力的 70% ~ 110%。或以历史上最高业务量和最低业务量为其上下限。弹性预算法又分为公式法和列表法两种具体方法：

（1）公式法

公式法是运用总成本形态模型（$y=a+bx$），测算预算期的成本费用数额，并编制成本费用预算的方法。

注意：因为任何成本都可用公式"$y=a+bx$"来近似地表示，所以只要在预算中列示 a（固定成本）和 b（单位变动成本），便可随时利用公式计算任一业务量（x）的预算成本（y）。

（2）列表法

列表法是在预计的业务量范围内将业务量分为若干个水平，然后按不同的业务量水平编制的预算。

（三）定期预算法与滚动预算法

编制预算的方法按其预算期的时间特征不同，可分为定期预算法和滚动预算法。

1. 定期预算法

定期预算法是指在编制预算时，以不变的会计期间（如日历年度）作为预算期的一种编制预算的方法。

这种方法能够使预算期间与会计期间相对应，便于将实际数与预算数进行对比，也有利于对预算执行情况进行分析和评价。但是该法固定以 1 年为预算期，在执行一段时间之后，往往使管理人员只考虑剩下来的几个月的业务量，缺乏长远打算，导致一些短期行为的出现。

2. 滚动预算法

滚动预算法又称连续预算法或永续预算法，是指在编制预算时，将预算期与会计期间脱离开，随着预算的执行不断地补充预算，逐期向后滚动，使预算期始终保持为一个固定长度（一般为 12 个月）的一种预算方法。

采用滚动预算法编制预算，按照滚动的时间单位不同可分为逐月滚动、逐季滚动和混合滚动。

（1）逐月滚动

逐月滚动是以月份为预算的编制和滚动单位，每个月调整一次预算的方法。按照逐月滚动方式编制的预算比较精确，但工作量较大。

（2）逐季滚动

逐季滚动是以季度为预算的编制和滚动单位，每个季度调整一次预算的方法。逐季滚动编制的预算比逐月滚动的工作量小，但精确度较差。

（3）混合滚动

混合滚动是指在预算编制过程中，同时以月份和季度作为预算的编制和滚动单位的方法。这种预算方法的理论依据是：人们对未来的了解程度具有对近期把握较大，对远期的预计把握较小的特征。

如对1月份至3月份逐月编制详细预算，4月份至12月份分别按季度编制粗略预算，3月末根据第一季度预算的执行情况，编制4月至6月份的详细预算，并修订第三至第四季度的编制，同时补充下一年第一季度的预算，6月末根据当季度预算的执行情况，编制7月份至9月份的详细预算，并修订第四季度至下一年第一季度的预算，同时补充下一年第二季度的预算，以此类推。

二、预算的编制程序

在实践工作中，企业将结合自身情况和经验开展预算的编制工作，其编制程序也不尽相同。一般而言，为了使各部门都能有效地为企业整体服务，可采用"自上而下、自下而上、上下结合"的编制程序。基本流程如下所述。

1. 董事会或类似机构提出预算目标

企业董事会或类似机构根据企业发展战略、预期行业整体发展态势和经济政策环境影响等，在决策的基础上进行预测，即提出预算期目标，包括销售目标、成本费用目标、利润目标等，并确定预算编制的政策，由预算办公室或类似机构下达各预算执行单位部门。此为"自上而下"。

2. 各部门编制本部门预算上报管理部门

各部门按照预算办公室或类似机构下达的预算目标和政策，结合自身情况和特点，提出更为详尽、更切合实际的本部门预算方案，并统一上报企业财务管理部门。此为"自下而上"。

3. 财务管理部门进行全面预算

企业财务管理部门对各部门上报的预算方案进行汇总，并做出进一步的综合平衡全面预算。在综合平衡的过程中，预算办公室或类似机构应将初步调整意见反馈给有关部门予以修正，同时在各部门间进行充分协调。财务管理部门在相关预算执行部门调整修正的基础上，编制出企业预算方案，继而上报预算办公室或类似机构讨论。

4. 对全面预算方案进行进一步调整修订

对于不符合企业全局发展目标的事项，预算办公室或类似机构应当责成有关预算执行部门进行进一步调整修订，从而形成基本符合企业整体目标、各部门充分协调的全面预算方案。第三、四步流程即"上下结合"。

5. 将拟定的全面预算方案提交审批

在对全面预算方案讨论、调整、修订的基础上，企业财务管理部门正式编制企业预算草案，提交董事会或类似机构审议批准。

6. 预算分解下达各部门执行

企业财务管理部门对审批后的全面预算方案进行细分，分解成一系列指标体系，由预算委员或类似机构逐级下达各预算执行部门执行。

第三节　预算编制

一、日常业务预算

业务预算是指有关业务收入和业务费用的预算，即企业各项具有实质性的基本活动的预算。在工业系统，它主要包括直接材料的采购预算、生产预算、销售预算、直接人工预算、工厂间接费预算、单位产品工厂成本预算以及管理费用预算等。在商业系统，它包括商品流通费中运杂费预算、保管费预算、包装费预算、利息预算、工资预算以及其他费用预算等。它与资本预算构成预算的两个大类别。

业务预算、资本预算和财务预算是全面预算的三个组成部分。业务预算是指为供、产、销及管理活动所编制的，与业务直接相关的预算，主要包括销售预算、生产预算等。这些预算以实物量指标和价值量指标分别反映企业收入与费用况。业务预算以公司经营预算目标为基础，分析用户需求、资费标准、市场份额和市场竞争情况，对预算年度各业务的数量等进行预测，并以此为起点编制业务收入预算。同时根据业务发展需要，预测业务促销、委代办等支出，编制业务预算，最后形成业务预算。

1. 销售预算

销售预算是指为规划一定预算期内因组织销售活动而引起的预计销售收入而编制的一种日常业务预算。因为其他预算都需要在销售预算的基础上编制或者大都与销售预算数据有关，所以，可以说销售预算是编制全面预算的关键和起点。

2. 生产预算

生产预算是指为规划一定预算期内预计生产量水平而编制的一种日常业务预算。它是在销售预算的基础上编制出来的，其主要内容有销售量、期初和期末存货、生产量。因为存在许多不确定性，企业的生产和销售在时间上和数量上不能完全一致，所以必须设置一定的存货，以保证均衡生产。有关计算公式如下：预计生产量＝预计销售量＋预计期末存货量－期初存货量。

3. 直接材料耗用及采购预算

直接材料预算是指为规划一定预算期内因组织生产活动和材料采购活动预计发生的直接材料需用量、采购数量和采购成本而编制的一种日常业务预算。它是以生产预算材料消耗定额和预计材料采购单价等信息为基础编制的，同时要考虑期初、期末原材料存货水平。

4. 应交税金及附加预算的编制

应交税金及附加预算是指为规划一定预算期内预计发生的应交增值税、营业税、消费税、资源税、城市维护建设税和教育费附加金额而编制的一种日常业务预算。为简化预算方法，假定预算期发生的各项应交税金及附加均于当期以现金形式支付。该预算需要根据销售预算、材料采购预算的相关数据和适用税率资料来编制。有关指标的估算公式如下：预计发生的应交税金及附加＝预计发生的营业税金及附加＋预计应交增值税。其中，预计发生的营业税金及附加＝预计应交营业税＋预计应交清费税＋预计应交资源税＋预计城市维护建设税＋预计应交教育费附加。

5. 直接人工预算

直接人工预算是指为规划一定预算期内人工工时的消耗水平和人工成本水平而编制的一种日常业务预算。编制直接人工预算的主要依据是已知的标准工资率、标准单位直接人工工时，其他直接费用计提标准和生产预算中的预计生产量等资料。

6. 制造费用预算

制造费用预算是指为规划一定预算期内除直接材料和直接人工预算以外预计发生的其他生产费用水平而编制的一种业务预算。制造费用按其习性，可分为变动制造费用和固定制造费用。变动制造费用预算以生产预算为基础来编制，可根据预计生产量和预计的变动制造费用分配率来计算。其中：

$$变动制造费用预算分配率＝\frac{预计变动制造费用总额}{相关分配标准预算数}$$

7. 产品生产成本预算

产品生产成本预算是指为规划一定预算期内每种产品的单位产品成本、生产成本、销售成本等项内容而编制的一种日常业务预算。本预算需要在生产预算、直接材料预算、直接人工预算和制造费用预算的基础上编制，同时也为预计利润表和预计资产负债表的编制提供数据。

8. 销售及管理费用预算

销售及管理费用预算是指为规划一定预算期内因管理企业和组织产品销售预计发生的各项费用水平而编制的一种日常业务预算。其与制造费用预算的编制方法类似，进行本预算编制时，将销售及管理费用划分为变动性和固定性两部分费用。

9. 财务费用预算

财务费用预算是指反映预算期内因筹措使用资金而发生财务费用水平的一种日常业务预算。

二、特种决策预算

专门决策预算又称特种决策预算，是指企业为不经常发生的长期投资项目或者一次性专门业务所编制的预算。通常是指与企业投资活动、筹资活动或收益分配等相关的各种预算。

专门决策预算可以分为资本预算和一次性专门业务预算两类。其中，资本预算主要是针对企业长期投资决策编制的预算，包括固定资产投资预算、权益性资本投资预算和债券投资预算；一次性专门业务预算主要有资金筹措及运用预算、缴纳税金与发放股利预算等。

特种决策预算，又称资本支出预算，通常是指与项目投资决策密切相关的投资决策预算。因为这类预算涉及长期建设项目的投资投放与筹措等，并经常跨年度，所以，除个别项目外一般不纳入日常业务预算，但应计入与此有关的现金预算与预计资产负债表。

三、财务预算

财务预算是一系列专门反映企业未来一定预算期内预计现金收支、经营成果和财务状况等价值指标的各种预算的总称。具体包括现金预算、预计损益表和预计资产负债表等内容。其中，现金预算反映企业在预算期内，由于生产经营和投资活动所引起的现金收入、现金支出和现金余缺情况，因此预计损益表反映企业在预算期内的经营业绩，即销售收入、变动成本、固定成本和税后净收益等构成情况；预计资产负债表反映企业在预算期末的财务状况，即资金来源和资金占用以及它们各自的构成情况。

财务预算是反映某一方面财务活动的预算，如反映现金收支活动的现金预算；反映销售收入的销售预算；反映成本、费用支出的生产费用预算（又包括直接材料预算、直接人工预算、制造费用预算）、期间费用预算；反映资本支出活动的资本预算等。综合预算是反映财务活动总体情况的预算，如反映财务状况的预计资产负债表、预计财务状况变动表，反映财务成果的预计损益表。上述各种预算间存在下列关系：销售预算是各种预算的编制起点，它构成生产费用预算、期间费用预算、现金预算和资本预算的编制基础；现金预算是销售预算、生产费用预算、期间费用预算和资本预算中有关现金收支的汇总；预算损益表要根据销售预算、生产费用预算、期间费用预算、现金预算编制。预计资产负债表要根据期初资产负债表和销售、生产费用、资本等预算编制，预计财务状况表则主要根据预计资产负债表和预计损益表编制。

（一）现金预算

1. 现金预算的概念

现金预算亦称现金收支预算，它是以日常业务预算和特种决策预算为基础所编制的反映现金收支情况的预算，由现金收入、现金支出、现金多余或不足、资金的筹集和运用四个部分组成。

"现金收入"部分包括期初现金余额和预算期现金收入。现金收入的主要来源是销货收入和应收账款的回收，可以从销售预算中获得有关资料。

"现金支出"部分包括预算的各项现金支出。其中直接材料、直接人工、制造费用、销售与管理费用等的数据，分别来自日常业务预算；所得税、购置设备、股利分配等现金支出的数据，分别来自另行编制的特种决策预算。

"现金多余或不足"是现金收人合计与现金支出合计的差额。差额为正，说明收入大于支出，现金有多余，则可以采取归还贷款或对有价证券进行投资，以增加收益；差额为负，说明支出大于收入，现金不足，则需要提前安排筹资，避免企业在需要资金时饮不择食。

"资金的筹集和运用"，资金筹集运用部分提供预算期内预计对外筹措的资金以及有关利息支出的详细资料。

2. 现金预算编制举例

要进行现金预算，首先必须通过市场调查等进行销售预测并编制销售预算，然后在销售预算的基础上做出不同层次、不同项目的预算，即完成如前所述的日常业务预算和特种决策预算。而现金预算正是以日常业务预算和特种决策预算为依据编制的。现金预算根据前面各种预算中的现金收入和现金支出的资料编制，"年初现金余额"资料由上年末资产负债表提供。

3. 财务预算是企业全面预算体系中的组成部分，它在全面预算体系中有以下重要作用：

（1）财务预算使决策目标具体化、系统化和定量化

在现代企业财务管理中，财务预算到全面、综合的协调、规划企业内部各部门、各层次的经济关系与职能，使之统一服从于未来经营总体目标的要求；同时，财务预算又能使决策目标具体化、系统化和定量化，能够明确规定企业有关生产经营人员各自职责及相应的奋斗目标，做到人人事先心中有数。财务预算作为全面预算体系中的最后环节，可以从价值方面总括地反映经营期特种决策预算与业务预算的结果，使预算执行情况一目了然。

（2）财务预算有助于财务目标的顺利实现

通过财务预算，可以建立评价企业财务状况的标准。将实际数与预算数对比，可及时发现问题和调整偏差，使企业的经济活动按预定的目标进行，从而实现企业的财务目标。

（3）财务预算是总预算

经营期特种决策预算与业务预算的结果，使预算执行一目了然。其余预算均是财务预算的辅助预算。

（二）预计财务报表

预计财务报表亦称企业总预算，是控制企业预算期内资金、成本和利润总量的重要手段，主要包括预计利润表和预计资产负债表等。

1. 预计利润表

预计利润表是指以货币形式综合反映预算期内企业经营活动成果（包括利润总额、净利润）计划水平的一种财务预算。该预算需要在销售预算、产品成本预算、应交税金及附加预算、销售及管理费用预算和财务费用预算等日常业务预算的基础上编制。

2. 预计资产负债表

预计资产负债表是指用于总括反映企业预算期末财务状况的一种财务预算。

第四节　预算的执行与考核

一、预算的执行

预算的执行是确保预算目标实现的关键环节。在预算执行过程中，企业应当建立如下管理机制，以保证预算有效执行。

1. 加强预算执行的核算工作

将年度预算分解为季度预算、月预算，要求各预算执行部门加强每月核算工作，包括会计核算和管理会计（统计）核算，及时准确地反映预算执行情况，为预算考核提供依据。

2. 建立预算报告制度

企业应当建立预算报告制度，要求各预算执行部门定期（每月或每季度）报告预算的执行情况。对于预算执行过程中各执行部门发生的新情况、实际与预算出现较大偏差的重要项目，企业财务管理部门与预算办公室及类似机构讨论后，应当责成有关部门查找原因，提出改进经营管理的措施和建议，并由财务管理部门定期将预算执行情况，如预算执行进度、执行差异及对企业预算目标的影响等财务信息，及时汇总向预算执行部门、预算办公室及董事会或类似机构报告。

3. 加强预算执行中的现场检查

在预算执行过程中，仅凭各执行部门的口头汇报，尚不足以了解预算执行的真实情况。我们建议，企业有关领导或管理部门负责人应经常到生产经营现场进行实地检查，及时了解供给与产出、销各环节的真实运作，以便及时发现问题、解决问题。

4. 强化预算期的现金管理

按时组织预算资金的收入，做好产品营销、货款催收、资本运筹等资金收入工作。严格控制预算资金的支付，对于预算内的资金拨付，必须按照企业规定的授权审批程序执行；对于预算外的项目支出，应当按预算管理制度规范支付程序；对于无合同、无凭证、无手续的项目支出，不予支付。强化现金流量的管理，调节资金收付平衡，控制支付风险。

二、预算的调整

（一）可进行调整的情况

一般来说，正式下达执行的预算不予调整，但如有发生下面的情况，企业可以进行预算调整。

1. 外部环境重大变化的调整

企业的预算是以既定目标为基础进行编制的，而目标的制定又是以对预算期行业发展、宏观经济政策等的综合预测为前提的。所以，如果执行过程中市场环境、经营条件和政策法规等发生重大变化，致使预算的编制基础不成立，或者将导致预算执行结果产生重大偏差的，可以调整预算。

2. 不影响预算目标的调整

如果企业建立弹性预算机制，对于不影响预算目标的日常业务预算、特种决策预算之间的调整，企业可以按照内部授权审批制度执行，并鼓励预算执行部门及时采取有效的经营管理对策，保证预算目标的实现。

（二）预算调整的流程

企业调整预算，应当由预算执行部门逐级向企业预算办公室或类似机构提出书面报告，阐述预算执行的具体情况、拟进行调整的原因及其对预算执行造成的影响程度，并提出具体的预算指标调整建议。企业财务管理部门对该预算调整报告进行审核分析，编制全面预算的调整方案，提交预算办公室、董事会或类似机构审批，经审批后的预算方案下达执行。

（三）预算调整的原则

对于预算执行部门提出的预算调整事项，企业进行决策时，一般应当遵循以下原则：一是预算调整事项不能偏离企业发展战略；二是预算调整方案应当在经济上能够实现最优化；预算调整重点应当放在预算执行中出现的重要的、非正常的关键性差异方面。三是预算的分析与考核预算办公室应在预算期终了向董事会或类似机构报告预算执行情况，并依据预算指标完成情况对预算执行部门及相关人员进行考核。

三、预算执行分析与考核

1. 开展预算执行分析

企业财务管理部门和各预算执行部门应当充分收集金融财务、产品市场、技术发展、政策法规等方面的相关信息资料，采用比率分析、比较分析、因素分析等方法，从定量与定性两方面充分分析预算执行部门的现状、发展趋势及存在的潜力和问题。另外，还应针对各预算执行部门实际与预算产生偏差的原因进行分析，提出相应的解决措施或建议，并上报董事会或类似机构讨论决定，以便有效地将预算差异率控制在合理的范围内。

2. 组织预算执行考核

（1）经营层人员考核

这里的经营层人员指企业的经理、财务负责人等，一般对其进行年度考核即可。考核以分析财务报表数据为依据，主要的考核指标可为净利润、投资报酬率、现金净流量或经营现金净流量等。

（2）企业部门管理人员及员工的考核

对企业相关部门管理人员及员工的考核可以按月或年度进行考核，考核以分析生产经营统计表数据为依据，主要的考核指标可包括成本变动指标产量指标、质量安全指标和销量指标等。企业预算执行考核应与企业绩效考评统一，与各预算执行部门负责人的奖惩挂钩，并作为企业内部人力资源管理的参考。

四、预算现存的问题

1. 预算人员认识不足

很多企业的主管部门对企业的预算如何去运作存在很多模糊的认识，很多企业仅仅是为了自己的企业能得到其他单位的认可，才制定了一系列看似严格的本企业财务预算制度性文件，然而企业不应该把财务预算作为自身的管理制度去补充企业管理制度上的空白，而是应该把企业的预算管理作为企业战略发展的助推手段，我们不仅要关注企业的财务预算制度，还应该关注财务预算在企业中实施和落实情况。

2. 建立企业财务预算管理体系

首先，在实行企业财务预算的管理中，很多企业没有专门的企业预算管理机构，大部分都由企业的财务部门兼管，也有的由计划部门来管理，企业财务预算管理没有组织部门保障，在日常的工作中经常会出现冲突和矛盾，企业中没有协调的委员会进行协调。其次，企业中没有相对完整的财务预算制度也是当今企业普遍存在的问题，这就使很多企业在财务预算时十分简单，使企业财务预算工作有名无实，企业预算人员也没有严格的规范可以遵循，影响了企业财务预算工作的有效开展，失去了应有的作用。

3. 对预算的实际效应缺乏足够的认识

只重视计划、协调和控制的作用，而没有重视财务预算在企业实际管理中作用的发挥。

4. 企业认识上片面

因为现代企业意识的加强，企业预算已经形成业务预算、资金预算、利润预算等综合性的预算体系，财务部门仅仅作为预算中的一个体系，为各部门提供预算编制的原则和方法，对各种预算数据进行汇总和分析。所以，企业财务预算管理是企业全面的管理行为，应该由企业高层管理人员进行组织和指挥，由业务、投资、筹资、管理等各部门协调完成，所以我们不能将财务预算看成是企业财务部门独立完成的任务。

第四章　筹资管理

　　企业从事生产经营活动需要一定数额的资金。为了保证企业生产经营活动的正常进行和不断发展，企业需要不断地筹集资金，就要选择适当的筹资方式。随着市场经济的发展和市场经济体制的不断完善，企业的竞争日趋加剧，企业要想更好地生存发展，那么企业的经济命脉资金就显得特别重要，企业只有保证资金充足才可以确保企业的正常生产经营，因此，企业的筹资管理对于企业的生存发展有重要意义。本章主要对筹资管理的相关内容进行介绍。

第一节　企业筹资概述

　　企业筹集资金，是指企业作为筹资主体根据其生产经营、对外投资和调整资本结构等需要，通过筹资渠道和金融市场，运用筹资方式，经济有效地筹措和集中资本的活动。

一、企业筹资的动机

　　企业筹资的基本目的是为了自身的生存和发展。但每次具体的筹资活动则往往是受特定动机驱使的。企业筹资的具体动机归纳起来有四类：创立性筹资动机、扩张性筹资动机、调整性筹资动机和混合性筹资动机。

　　1. 创立性筹资动机

　　创立性筹资动机是企业设立时为取得资本金而产生的筹资动机。创建企业必须筹集资金，以获取所需的资本金，并到工商部门办理注册登记，才能从事生产经营活动。

　　2. 扩张性筹资动机

　　扩张性筹资动机是企业因扩大生产经营规模或追加对外投资的需要而产生的筹资动机，具有良好发展前景的、处于成长时期的企业通常会产生这种筹资动机。例如，扩大生产经营规模增加市场供应、开发新产品、扩大对外投资规模和开拓有发展前途的经营领域等，都需要追加筹资。扩张筹资动机所产生的直接结果，是企业资产总额和筹资总额的增加。

3. 调整性筹资动机

调整性筹资动机是企业因调整现有资本结构的需要而产生的筹资动机。资金结构的调整是企业为降低筹资风险、减少资金成本而对权益资金与负债资金间的比例关系进行的调整。资本结构的调整属于企业重要的财务决策事项，也是企业筹资管理的重要内容。

4. 混合性筹资动机

混合性筹资动机是企业既为扩张规模又为调整资本结构的需要而产生的筹资动机。

二、企业筹资的类型

（一）股权资本与债权资本

企业的全部资金，按属性的不同可以分为股权资本和债务资本两种类型。

1. 股权资本

股权资本也称权益资本或自有资本，是企业依法取得并长期拥有、自主调配运用的资本。根据我国的有关法规制度，企业的股权资本由投入资本（或股本）、资本公积、盈余公积和未分配利润组成。

股权资本具有下列属性：

（1）股权资本的所有权归属企业的所有者，所有者凭其所有权参与企业的经营管理和利润分配，并对企业的经营状况承担有限责任。

（2）企业对股权资本依法享有经营权，在企业存续期内，投资者除依法转让外，不得以任何方式抽回其投入的资本，因而自有资金被视为"永久性资本"。

2. 债务资本

债务资本也称借入资本或债权资本，是企业依法筹措并依约使用、按期偿还的资金来源。债务资本具有下列属性：

（1）债务资本体现企业与债权人的债权债务关系。

（2）企业的债权人有权按期索取本息，但无权参与企业的经营管理，对企业的经营状况不承担责任。

（3）企业对持有的债务资本在约定的期限内享有经营权，并承担按期付息还本的义务。

（二）短期资本与长期资本

1. 短期资本

短期资本是指企业使用期限在一年以内的资本。短期资本一般包括短期借款、应付账款和应付票据等项目，通常是采用银行借款、商业信用等筹资方式取得或形成的。

2.长期资本

长期资本是指企业使用期限在一年以上的资本。企业的长期资本通常包括各种股权资本、长期借款和应付债券等债权资本。这是广义的长期资本。

（三）直接筹资与间接筹资

企业的筹资活动按其是否以金融机构为媒介，可分为直接筹资和间接筹资两种类型。

1.直接筹资

直接筹资是指企业不经过银行等金融机构，直接与资本所有者协商融通资本的一种筹资活动，主要有投入资本、发行股票、发行债券和商业信用等筹资方式。

2.间接筹资

间接筹资是指企业借助银行等金融机构而融通资本的筹资活动。间接筹资的基本方式是银行借款，此外还有融资租赁等筹资方式。

（四）内部筹资与外部筹资

企业的全部筹资按资本来源的范围，可以分为内部筹资和外部筹资两种类型。企业应在充分利用内部筹资来源之后，再考虑外部筹资问题。

1.内部筹资

内部筹资是指企业在企业内部通过留用利润而形成的资本来源。

2.外部筹资

外部筹资是指企业在内部筹资不能满足需要时，向企业外部筹资而形成的资本来源。

三、筹资渠道与筹资方式

（一）筹资渠道

筹资渠道是指企业筹集资本来源的方向与通道，体现着资金的源泉和流量。企业的筹资渠道有如下7种：

1.政府财政资本

政府对企业的直接投资是国有企业最主要的资本来源渠道，特别是国有独资企业，其资本全部由国家投资形成，从产权关系上看，产权归国家所有。

2.银行信贷资本

银行对企业的各种贷款是我国各类企业最为主要的资本来源。我国提供贷款的银行主要有两个：商业银行和政策性银行。商业银行以盈利为目的，为企业提供各种商业贷款；政策性银行为特定企业提供政策性贷款。

3.非银行金融机构资本

非银行金融机构主要有信托投资公司、租赁公司、保险公司、证券公司和企业集团的财务公司等。他们所提供的金融服务，既包括信贷资本的投放，也包括物资的融通，还包括为企业承销证券。

4. 其他法人资本

其他法人资本是指企业生产经营过程中产生的部分闲置的资本，可以互相投资，也可以通过购销业务形成信用关系形成其他法人资本，这也是企业资本的重要来源。

5. 民间资本

民间资本是指"游离"于银行及非银行金融机构之外的个人资本，可用于对企业进行投资，形成民间资本来源。

6. 企业内部资本

企业内部资本是指企业通过计提折旧，提取公积金和未分配利润等形式形成的资本，这些资本的重要特征之一，企业无须通过一定的方式去筹集，它们是企业内部自动生成或转移的资本。

7. 国外和我国港、澳、台资本

外国投资者以及我国港、澳、台地区投资者投入的资本，也是企业重要的资本来源。

（二）筹资方式

企业筹资方式是指企业筹集资本所采取的具体形式和工具，体现着资本的属性和期限。筹资方式取决于企业资本的组织形式和金融工具的开发利用程度。企业一般有下列7种筹资方式：

1. 吸收直接投资；

2. 发行股票筹资；

3. 发行债券筹资；

4. 发行商业本票筹资；

5. 银行借款筹资；

6. 商业信用筹资；

7. 租赁筹资。

（三）筹资渠道与筹资方式的配合

企业的筹资方式与筹资渠道有着密切的关系。一定的筹资方式可能只适用于某一特定的筹资渠道；但同一筹资渠道的资本往往可以采取不同的筹资方式获得，而同一筹资方式又往往可以适用于不同的筹资渠道。因此，企业在筹资时，必须实现两者的合理配合，即筹资方式与筹资渠道的配合情况。

四、筹资数量的预测

1. 销售百分比法

销售百分比法是根据销售与资产负债表和利润表有关项目之间的比例关系，预测各项目短期资本需要量的方法。该种方法有两个基本假定：一是假定某项目与销售的比率已知并固定不变；二是假定未来销售预测已经完成，从而未来销售一定在上述假定的前提下，通过百分比来确定该项目的资金需要量。

销售百分比法，一般借助于预计资产负债表和预计利润表来确定其资金需要量，即通过预计资产负债表来测定企业筹资总规模与外部筹资规模的增加额；通过预计利润表来预测企业留用利润这种内部资金来源的增加额。

销售百分比法的计算步骤如下。

（1）区分变动性项目和非变动性项目

变动项目是指随销售收入变动呈同比率变动的项目；反之，即为非变动项目。通常变动性项目有货币资金、应收账款、存货等流动性资产。非变动性项目有固定资产、对外投资等固定性资产。

（2）计算变动性项目的销售百分比计算公式为：

$$变动性项目的销告百分比=\frac{基期变动性资产(或负债)}{基期销告收入}$$

（3）计算需追加的外部筹资额计算公式为：

$$外加资金需要量=增加的资产-增加的负债-增加的留存收益$$

其中：

增加的资产 = 增量收入 × 基期变动资产占基期销售额的百分比

增加的负债 = 增量收入 × 基期变动负债占基期销售额的百分比

增加的留存收益 = 预计销售收入 × 销售净利率 × 收益留存率对于增加的留存收益，应该采用预计销售收入计算，并且《公司法》中规定企业应当按照当期实现的税后利润的10% 计提法定盈余公积金，所以销售留存率不会小于 10%。

2. 线性回归分析法

线性回归分析法是假定资金需要量与营业业务量之间存在线性关系并建立数学模型，然后根据历史有关资料，用回归直线方程确定参数预测资金需要量的方法。

其预测模型为：

$$y=a+bx$$

式中，符号及其含义如下：

y —— 资金需要量；

a——不变资本；

b——单位业务量所需要的可变资本额；

x——产销量。

其中，不变资本是指在一定的营业规模内，不随业务量增减的资本，主要包括：为维持营业而需要的最低数额的现金、原材料的保险储备必要的成品或商品储备，以及固定资产占用的资本。可变动资本是指随营业业务量变动而同比例变动的资本，一般包括在最低储备以外的现金、存货、应收账款等所占用的资本。

第二节　股权资本的筹集

一、吸收直接投资

直接投资是指企业按照"共同投资、共同经营、共担风险、共享利润"的原则直接吸收国家、法人、个人投入资金的一种筹资方式。吸收投资中的出资者都是企业的所有者，他们对企业具有经营管理权，各方可按出资额的比例分享利润，承担损失。

（一）吸收直接投资的种类

企业采用吸收直接投资方式筹集的资金一般可分为以下三类：

1. 吸收个人投资

个人投资是指社会个人或本企业内部职工以个人合法财产投入企业，在这种情况下形成的资本称为个人资本。个人资本一般具有以下特点：投资的人员较多；每人投资的数额相对较少；以参与企业利润分配为目的。

2. 吸收法人投资

法人投资是指法人单位以其依法可以支配的资产投入企业，在这种情况下形成的资本叫法人资本。吸收法人投资一般具有如下特点：发生在法人单位之间；以参与企业利润分配为目的；出资方式灵活多样。

3. 吸收国家投资

国家投资是指有权代表国家投资的政府部门或者机构以国有资产投入企业，在这种情况下形成的资本叫国有资本。吸收国家投资是国有企业筹集自有资金的主要方式。根据《企业国有资本与财务管理暂行办法》的规定，国家对企业注册的国有资本实行保全原则。企业在持续经营期间，对注册的国有资本除依法转让外，不得抽回，并且以出资额为限承担责任。吸收国家投资一般具有以下特点：产权归属国家；资金的运用和处置受国家约束较大；在国有企业中采用比较广泛。

（二）直接投资的出资方式

1. 货币出资

货币出资是吸收直接投资中一种最重要的出资方式。有了货币，便可获取其他物质资源。吸收投资中所需投入货币的数额，取决于投入的实物、工业产权之外尚需多少资金来满足建厂的开支和日常周转需要。我国《公司法》规定：公司全体股东或者发起人的货币出资额不得低于公司注册资本的30%。

2. 实物出资

实物出资就是投资者以厂房、建筑物、设备等固定资产和原材料、商品等流动资产所进行的投资。一般来说，企业吸收的实物应符合如下条件：

（1）确为企业科研、生产经营所需；

（2）技术性能比较好；

（3）作价公平合理。

3. 以工业产权出资

以工业产权出资是指投资者以专有技术、商标权、专利权等无形资产所进行的投资。一般来说，企业吸收的工业产权应符合以下条件：

（1）能帮助研究和开发出新的高科技产品；

（2）能帮助生产出适销对路的高科技产品；

（3）能帮助改进产品质量，提高生产效率；

（4）能帮助大幅度降低各种消耗；

（5）作价比较合理。

4. 以土地使用权出资

投资者也可以用土地使用权来进行投资。土地使用权是按有关法规和合同的规定使用土地的权利。企业吸收土地使用权投资应符合以下条件：

（1）企业科研、生产、销售活动所需要的；

（2）交通、地理条件比较适宜；

（3）作价公平合理。

（三）吸收直接投资的优缺点

1. 吸收直接投资的优点

（1）可以直接接受实物投资，快速形成生产能力，满足生产经营的需要。

（2）可以增强企业信誉，提高企业借款能力。因为吸收直接投资属于自有资金，所以可扩大企业实力。

（3）可以规避财务风险。因为企业可以根据其经营状况的好坏进行分配，所以经营状况好可以多分配一些利润，否则可以不分配利润或者少分配利润，企业承担的偿付风险小。

2. 吸收直接投资的缺点

（1）资金成本较高。一般而言，企业是用税后利润支付投资者报酬的，所以资金成本较高。

（2）容易导致企业控制权分散。采用吸收直接投资方式筹集资金，投资者一般要求参与企业管理，当企业接受外来投资较多时，容易造成控制权分散，甚至使企业完全失去控制权。

二、普通股筹资

股票是股份公司为筹措股权资本而发行的有价证券，是持股人拥有公司股份的凭证。它代表持股人在公司中拥有的所有权，股票持有人即为公司的股东。

（一）股票的种类

股票的种类很多，对其可从不同角度进行分类，以便对股票有个较全面的了解。

1. 按股东享有的权利不同，可分为普通股和优先股

普通股股东享有对公司的经营管理权红利分配权、剩余财产索求权。优先股较普通股具有如下优先权利：

（1）股息支付在先；

（2）股息固定；

（3）公司解散时，对剩余财产有优先索取权。

2. 按票面是否标明股东姓名，可分为记名股票和无记名股票

将股东姓名记于股票票面并记入股东名册的股票称为记名股票。记名股票丢失，别人不能冒领，这就有利于维护股东利益，但记名股票不能随意转让，转让时要办理过户手续并交纳一定的手续费。凡票面不记载股东姓名的股票称为无记名股票。无记名股票可以自由转让，凭票面所附票息领取股息，丢失会给股东带来损失。

3. 按票面是否标明金额，可分为面值股票和无面值股票

票面标有金额的股票称为面值股票。票面金额的大小代表股东对公司的原始投资，它在股本总额中的比例反映股东享有的权利和承担的义务的大小，面值与现实价格往往背离。票面不标明金额，只记载股份数或股份比例的股票称为无面值股票。无面值股票虽不能了解投资者的原始投资额，但它有利于促使投资者在进行交易时计算股票的真实价值。

4. 按发行对象不同，可分为 A 股、B 股、H 股和 N 股

A 股又称人民币股票，是供我国内地个人或法人买卖的，以人民币标明票面金额并以人民币认购和交易的股票。B 股、H 股和 N 股是专供外国和我国港、澳、台地区投资者买卖的，以人民币标明票面金额，以外币认购和交易的股票。其中 B 股在上海、深圳上市；H 股在香港上市；N 股在纽约上市。

5. 股票按发行时间的先后，可分为始发股和新发股

始发股是公司设立时发行的股票，新发股是公司增资时发行的股票。无论始发股还是新发股，其发行条件、发行目的、发行价格都不尽相同，但股东的权利和义务都是一样的。

（二）股票的发行

1. 股票发行的目的

明确股票发行的目的，是股份公司决定发行方式、发行程序、发行条件的前提。股份公司发行股票的目的是筹集资金，但具体而言有以下不同的目的：

（1）设立新的股份公司，即首次发行股票成立股份公司；

（2）扩大公司经营规模，即增资发行；

（3）其他目的，如发放股票股利等。

2. 股票发行的条件

按照我国《公司法》的有关规定，股份有限公司发行股票，应符合以下条件。

（1）每股金额相等。同次发行的股票，每股的发行条件和价格应当相同。

（2）股票发行价格可以按票面金额，也可以超过票面金额，但不得低于票面金额。

（3）股票应当载明公司名称、公司登记日期、股票种类、票面金额及代表的股份数、股票编号等主要事项。

（4）向发起人、国家授权投资的机构、法人发行的股票，应当为记名股票；对社会公众发行的股票，可以为记名股票，也可以为无记名股票。

（5）公司发行记名股票的，应当置备股东名册，记载股东的姓名或者名称、住所、各股东所持股票编号、各股东取得其股份的日期；发行无记名股票的，公司应当记载其股票数量、编号及发行日期。

（6）公司发行新股，必须具备下列条件：前一次发行的股份已募足，并间隔 1 年以上；公司在最近 3 年内连续盈利，并可向股东支付股利；公司在 3 年内财务会计文件无虚假记载；公司预期利润率可达同期银行存款利率。

（7）公司发行新股，应由股东大会做出有关下列事项的决议：新股种类及数额、新股发行价格、新股发行的起止日期、向原有股东发行新股的种类及数额。

3. 股票发行的基本程序

股份有限公司在设立时发行股票与增资发行新股，程序上有所不同。

（1）设立时发行股票的基本程序

1）发起人认足股份，交付出资。股份有限公司的设立，可以采取发起设立或者募集设立两种方式。无论采用哪种设立方式，发起人均须认足其应认购的股份。若采用发起设立方式，须由发起人认购公司应发行的全部股份；若采用募集设立方式，须由发起人至少认购公司应发行股份的法定比例（不少于 35%），其余部分向社会公开募集。

2）提出募集股份申请。发起人向社会公开募集股份时，必须向国家证券管理部门递交募股申请，并报送批准设立公司的文件；公司章程；经营估算书；发起人姓名或者名称、发起人认购的股份数、出资种类及验资证明；招股说明书；代收股款银行的名称及地址；承销机构的名称及有关协议等文件。

3）公告招股说明书，制作认股书，签订承销协议。招股说明书应附有发起人制定的公司章程，并载明发起人认购的股份数，每股的票面金额和发行价格、无记名股票的发行总数、认股人的权利义务、本次募股的起止期限、逾期未募足时认股人可撤回所认股份的说明等事项。认股书应当载明招股说明书所列事项，由认股人填写所认股数、金额、认股人住所，并签名、盖章。

4）招认股份，缴纳股款。

5）召开创立大会，选举董事会、监事会。发行股份的股款募足后，发起人应在规定期限内（法定30天内）主持召开创立大会。

6）办理公司设立登记，交割股票。经创立大会选举产生的董事会，应在创立大会结束后30天内，办理申请公司设立的登记事项。

（2）增资发行新股的程序。

股份有限公司成立以后，在其存续期间为增加资本，会多次发行新股。增资发行新股的基本程序介绍如下。

1）做出发行新股决议。根据我国《公司法》，公司发行新股须由股东大会作出决议，包括新股种类及数额，新股发行价格、新股发行的起止日期、向原有股东发行新股的种类及数额等事项。

2）提出发行新股的申请。公司做出发行新股的决议后，董事会必须向国家授权的部门或者省级人民政府申请批准。属于向社会公开募集的新股，须经国家证券管理部门批准。

3）公告招股说明书，制作认股书，签订承销协议。公司经批准向社会公开发行新股时，必须公告新股招股说明书和财务会计报表及附表，并制作认股书，还需与证券经营机构签订承销协议。

4）招认股份，缴纳股款，交割股票。

5）改选董事、监事，办理变更登记。

公司发行新股募足股款后，应立即召开股东大会，改选董事、监事。这种改选是由于公司股份增加、股份比例结构变动所引起的增额性改选。然后，公司必须向登记机关办理变更登记，并向社会公告。变更登记事项主要包括本次实际发行新股的股数及数额、发行新股后变更的股东名册、经改选的公司董事和监事名单等。

（三）股票上市

1.股票上市的目的

股票上市是指股份有限公司公开发行的股票符合规定条件，经过申请批准后在证券交易所作为交易的对象。经批准在证券交易所上市交易的股票，称为上市股票，其股份有限公司称为上市公司。

股份有限公司申请股票上市，一般出于以下目的：

（1）提高公司所发行股票的流动性和变现性，便于投资者认购、交易。

（2）促进公司股权的社会化，防止股权过于集中。

（3）提高公司的知名度。

（4）有助于确定公司增发新股的发行价格。

（5）便于确定公司的价值，以利于促进公司实现财富最大化目标。

2. 股票上市的条件

股票上市条件也称股票上市标准，是指对申请上市公司所做的规定或要求。按照国际惯例，股票上市的条件，一般有开业时间、资产规模股本总额、持续盈利能力、股权分散程度、股票市价等。各国对股票上市条件都规定了具体的数量标准。

我国《公司法》规定，股份有限公司申请其股票上市，必须符合下列条件：

（1）股票经国家证券管理部门批准已向社会公开发行。

（2）公司股本总额不少于人民币 3 000 万元，公司公开发行的股份达到公司股份总数的 25% 以上。

（3）开业时间在 3 年以上，最近 3 年连续盈利；原国有企业依法改组而设立的，或者本法实施后新组建成立，其主要发起人为国有大中型企业的，可连续计算。

（4）持有股票面值达人民币 1 000 元以上的股东人数不少于 1 000 人；公司股本总额超过人民币 4 亿元的，其向社会公开发行股份的比例应在 10% 以上。

（5）公司在最近 3 年内无重大违法行为，财务会计报告无虚假记载。

（6）国家规定的其他条件。

3. 股票上市的暂停、恢复与终止

按照国际惯例，获得股票上市资格，并已实现股票上市的公司，必须持续保持其上市的条件。如果发现已上市的公司有下列情形之一的，由国家证券管理部门决定暂停其股票上市：

（1）公司股本总额股份分布等发生变化不再具备上市条件。

（2）公司不按规定公开其财务状况，或者对财务会计报告作虚假记载。

（3）公司有重大违法行为。

（4）公司最近 3 年连续亏损。

（四）普通股筹资的优缺点

1. 普通股筹资的优点

（1）普通股筹资没有固定的股利负担。股利的发放与否和支付多少，视公司有无盈利和经营需要而定，经营波动给公司带来的财务负担相对较小。因为发行普通股筹集的资金没有固定的到期还本付息的压力，所以筹资风险较小。

（2）普通股股本没有固定的到期日，无须偿还，它是公司的永久性资本，除非公司清算时才予以偿还。这对保证公司对资本的最低需要、维持公司长期稳定发展极为有益。

（3）发行普通股筹集的资金是公司最基本的资金来源，它反映了公司的实力，可作为其他方式筹资的基础，尤其可为债权人提供保障，增强公司的举债能力。

（4）发行普通股筹集自有资本能增强公司的信誉。普通股股本以及由此产生的资本公积金和盈余公积金等，是公司筹措债务的基础。

（5）可以免受债权人、优先股股东对公司施加的各种限制。

2. 普通股筹资的缺点

（1）资本成本较高。一般而言，普通股筹资的成本要高于借入资金。

（2）一方面，利用普通股筹资，出售新股票，增加新股东，可能会分散公司的控制权；另一方面，新股东对公司已积累的盈余具有分享权，这就会降低普通股的每股净收益，从而可能引起普通股市价的下跌。

（3）如果今后发行新的普通股票，可能导致股票价格的下跌。

三、优先股筹资

优先股是一种与普通股票相比具有某些优先权利的特别股票。其优先权利主要表现在以下两个方面：

收益分配优先权。优先股股东在公司的股利分配上有优先权，即优先股股利在普通股股利之前支付。

剩余财产求偿优先权。当公司因经营不善，资不抵债不得已而清算时，如有剩余资产，优先股股东对这部分剩余资产有优先求偿权，但在金额上也只限于优先的票面价值。为了保护这种优先求偿权，在优先股发行协议中，可以要求公司加入某些限制性条款。

（一）优先股的种类

在现实中，优先股的种类很多，为了全面了解优先股，可从不同角度对优先股进行分类。

1. 按股利发放的可靠与否，可分为累积优先股和非累积优先股

累积优先股是指在公司经济效益欠佳的年份，欠发的优先股股利可以累积计算，到经济效益好的年份可一并补发的优先股。一般来说，公司如有积欠优先股股利，这些积欠未补发前不得发放普通股利。补发积欠优先股股利一般不计利息。

非累积优先股是指在公司经济效益欠佳年份，欠发的优先股股利，以后不再补发的优先股。二者比较起来，对于投资者来说前者较受欢迎，因为它能维护优先股股东的经济利益。

2. 按是否参与公司剩余利润的分配，可分为参与优先股和非参与优先股

参与优先股是指在优先股股东获得固定股利后，还可以按照规定的某种比率与普通股股东一起分享公司的剩余利润的优先股。优先股股东可以参与公司剩余利润的分配是公司给予优先股股东的一种特殊优惠条件，只有在公司经济效益迅速增长的情况下才有可能附加这个优惠条件，并在发售优先股时予以明确。

非参与优先股是指只能接受票面固定利率获得股利，不得与普通股股东一起分享公司剩余利润的优先股。比较两者，对投资者来说，前者优惠，具有较大的吸引力，但只有作为发售优先股的一个必要条件，优先股股东才能享受此待遇，一般来说，分享条款是很少轻易提供的。

3. 按是否可转换为公司的普通股，可分为可转换优先股和不可转换优先股

可转换优先股是指这种股票赋予优先股股东的一种权利，允许其在未来一定时间，以事前规定的固定转换价格和比率转换成为相应的普通股股票。可转换优先股对股东来说有利无害，在普通股股价上涨时可行使转换权，从中获利；在普通股价格下跌时可不行使转换权，继续享受优先股待遇，也不蒙受损失。不可转换优先股是指不具有上述特种权利的优先股。

4. 按是否可赎回，可分为可赎回优先股和不可赎回优先股

可赎回优先股是指附有公司在未来一定时间可以按照事前规定的价格收回其发行的优先股权利的优先股，不可赎回优先股是指未附有上述权利的优先股。可赎回优先股给予发行公司及时清偿优先股的权利，这对公司来说，就掌握了以此来调整公司财务状况的机动权。

（二）优先股筹资的优缺点

1. 优先股筹资的优点

（1）不必偿还本金。

（2）股利支付既固定又有一定弹性。优先股虽采用固定股利，但固定股利的支付不构成公司的法定义务。

（3）有利于增强公司信誉。优先股扩大了自有资金，增加了公司信誉，增强了公司的借款能力。

2. 优先股筹资的缺点

（1）筹资成本高。从税后净利中支付股利，其筹资成本高于债务资金。

（2）筹资限制多。发行优先股，通常有许多限制条款，如对普通股股利支付上的限制、对公司借债限制等。

（3）财务负担重。对优先股需要支付固定股利，但又不能在税前扣除，成为较重的财务负担。

第三节 债务资本的筹集

一、银行借款

银行借款是指企业根据借款合同从有关银行或非银行金融机构借入的需要还本付息的款项。

（一）银行借款的种类

银行借款可按不同的标准，进行以下分类。

1. 按借款使用期限的长短，可分为短期借款、中期借款和长期借款。

短期借款一般是指使用期限在一年内的各种借款；中期借款一般是指使用期限在 1～5 年的各种借款；长期借款一般是指使用期限在 5 年以上的各种借款。应当指出的是，该种分类也不是绝对的，不仅各国掌握的标准不一致，甚至一个国家不同时期这种分类标准也会有差异。有的干脆就把借款按期限长短划分为两大类，即短期借款和长期借款。

2. 按借款条件分类，可分为信用借款和担保借款

信用借款是指仅凭借借款人良好的资信，不需提供任何担保而取得的借款；担保借款是指以借款人向贷款人提供某种担保为条件而取得的借款。

3. 按借款的用途不同，可分为基本建设借款、更新改造借款以及其他专项借款

基本建设借款是指企业为解决企业扩大生产经营规模的需要而向发放贷款机构借入资金，该种借款的主要用途是用于企业新建、扩建生产场所，为改变生产力布局而进行的全厂性迁建，增添新设备等方面的投资。更新改造借款是指企业为解决对现有生产设备和设施进行更新和技术改造所需资金而向发放贷款机构借入资金，该种借款主要用于机器设备的以新换旧；房屋建筑物的重建等。其他专项借款是指除以上两种借款外，为解决企业其他专门用途所需资金而向发放贷款机构申请借入资金，主要包括科研开发借款、出口专项借款、进口设备贷款等。

4. 按提供信贷资金的主体不同，可分为政策性银行借款、商业银行借款、合作银行借款和非银行金融机构借款

政策性银行借款是指执行国家政策性贷款业务的银行向企业发放的贷款，如国家开发银行为国家重点建设项目向企业提供的贷款；进出口信贷银行为国家大型成套设备的进出口向企业提供信贷支持等。商业银行借款是指企业按规定程序从商业银行取得的借款。合作银行借款是指符合该贷款条件的企业按规定从合作银行取得的借款。非银行金融机构借款是指企业按照规定从保险公司、信托公司、融资公司、金融租赁公司、金融期货公司、信用担保公司、证券公司、财务公司等这些机构取得的借款。

（二）银行借款的程序

企业向银行借款一般按如下程序操作。

1. 企业提出借款申请

企业根据自身的资金需要，欲取得借款，首先应按照贷款规定的要求向银行提出借款申请。借款申请书一般包括如下主要内容：借款目的和用途、借款的数额和期限、借款利率要求、贷款项目的经济效益预测、分期借还款计划、借款担保形式和数额等。

2. 银行进行审批

为了保证信贷资金的安全，银行对接到的企业借款申请应进行严格的审查，经过审查符合条件者才予以批准。我国《商业银行法》规定，商业银行贷款，应当实行审贷分离、分级审批的制度。银行对企业贷款的审查一般包括如下几个方面：

（1）贷款的目的和用途。

（2）贷款的数额和期限。

（3）借款人的资信状况。

（4）贷款担保人或担保品。

（5）贷款投资项目的可行性等内容。

3. 签订借款合同

借款合同是明确借贷双方权利、义务和经济责任的法律性书面文件。它对保护借贷双方当事人合法权益具有重要作用。我国《商业银行法》规定："商业银行贷款，应当与借款人订立书面合同。"可见，订立贷款合同是商业银行贷款业务的法定必经程序。借款合同一般应当约定借款种类、借款用途、金额利率、还款期限、还款方式、违约责任和双方认为需要约定的其他事项，最后借贷双方签字、盖章。

4. 企业取得借款

从借款合同生效之日起，银行即可在核定的贷款额度内，依据企业的用款计划和实际需要，一次或分次将贷款划入企业的存款结算账户。

（三）银行借款的信用条件

按照国际惯例，银行借款往往附加一些信用条件，主要有信贷额度、周转授信协议、补偿性余额，借款抵押等。

1. 信贷额度

信贷额度是借款企业与银行间正式或非正式协议规定的企业借款的最高限额。通常在信用额度内，企业可随时按需要向银行申请借款。

2. 周转授信协议

周转授信协议是指银行具有法律义务承担提供不超过某一最高限额的贷款协议。在该协议的有效期内，只要企业借款总额未超过最高限额，银行必须满足企业任何时候提出的借款要求。该协议是一种经常为大公司使用的正式授信额度。因为银行对周转授信额度负有法律义务，所以要向企业收取一定的承诺费用，一般按企业使用的授信额度的一定比率（2%左右）计算。

3. 补偿性余额

补偿性余额是银行要求借款企业将借款的 10% ~ 20% 的平均存款余额留存银行。银行通常都有这种要求，目的是降低银行贷款风险，提高贷款的有效利率，以便补偿银行的损失。

4. 借款抵押

银行向财务风险大、信誉度低的企业贷款时，往往需要抵押品担保。抵押品可以是股票、债券、房地产、存货及应收账款。银行收到抵押品后一般按抵押品价值的 30% ~ 50% 发放贷款。抵押贷款因风险较大，其利率往往高于非抵押贷款。

（四）借款利息的支付方式

1. 收款法

收款法是指在借款到期时向银行支付利息的方法。银行向工商企业发放的贷款大都采用这种方法收息。采用这种方法，借款的名义利率等于其实际利率。

2. 贴现法

贴现法是银行向企业发放贷款时，先从本金中扣除利息部分，到期时借款企业则要偿还贷款全部本金的一种计息方法。采用这种方法，企业可利用的贷款额只有本金减去利息部分后的差额，因此贷款的实际利率高于名义利率。

3. 加息法

加息法是银行发放分期等额偿还贷款时采用的利息收取方法。在分期等额偿还贷款的情况下，银行要根据名义利率计算的利息加到贷款本金上，计算出贷款的本息和，要求企业在贷款期内分期偿还本息之和的金额。

由于贷款分期等额偿还，借款企业实际上平均使用了贷款本金的半数，却支付全额利息。这样，企业所负担的实际利率便高于名义利率大约 1 倍。

（五）银行借款筹资的优缺点

1. 银行借款筹资的优点

（1）筹资速度快，手续简便。企业利用银行借款筹资，一般所需时间较短，程序较为简单，可以快速获得现金。

（2）借款成本较低。利用银行借款筹资，其利息可在所得税前列支，故可减少企业实际负担的成本，因此比股票筹资的成本要低得多；与债券相比，借款利率一般低于债券利率。此外，由于借款属于间接筹资，因此筹资费用也极少。

（3）借款弹性较大。在借款时，企业与银行直接商定贷款的时间、数额和利率等；在用款期间，企业如因财务状况发生某些变化，也可与银行再行协商，变更借款数量及还款期限等。

2. 银行借款筹资的缺点

（1）筹资风险较高。借款通常有固定的利息负担和固定的偿付期限，故借款企业的筹资风险较高。

（2）限制条件较多。贷款机构为了保证信贷资金的安全性，在借款合同中往往要求加入若干限制资金资产利用方面的条款，这无疑会影响一些资金和资产的合理使用。它不仅会在某种程度上影响资金的周转速度，也会对收益产生影响，还可能会影响到企业以后的筹资和投资活动。

（3）筹资数量有限。一般不如股票、债券那样可以一次筹集到大笔资金。

二、债券筹资

债券是债务人为筹集借入资本而发行的，约定在一定期限内向债权人还本付息的有价证券。发行债券是企业筹集借入资本的重要方式。

（一）债券的种类

企业债券的种类很多，为了全面了解企业债券的特征，介绍几种主要的分类方法：

1. 按是否记名，可分为记名债券和无记名债券两类

记名债券是在票面上记载购买人姓名并在发行公司注册登记的债券，该种债券对债权人有一定保护作用，到期支取本息须凭持有人的手持证券与已注册登记的姓名相符的印鉴，债券丢失别人不得冒领。该种债券未到期转让需办理过户登记手续。无记名债券是在票面上不记载债权人姓名也不必在公司注册登记的债券，该种债券到期，持有人凭票到指定机构领取本息，未到期转让不必办理过户手续。

2. 按能否转换为公司股票，分为可转换债券和不可转换债券

若公司债券能转换为本公司股票，则为可转换债券；反之则为不可转换债券。一般而言，前种债券的利率要低于后种债券。

3. 按有无抵押担保，可分为信用债券和抵押债券两类

信用债券的发行完全依靠发行企业的信誉，以信托、契约为依据，不要抵押或担保品。抵押债券是以发行企业的特定财产作为抵押担保品（不动产或流动资产）而发行的债券。信用债券筹资无其他附加条件，对筹资企业有利但要以良好的信誉为条件；抵押债券则有利于维护债权人的权益，对筹资企业的经营自由有一定的限制。该种分类有利于企业科学地分析自身的筹资条件，选择恰当的筹资方式。

4. 按债务本息的偿还方式不同，可分为一次性偿还债券、分次偿还债券

一次性偿还债券的特点是债券到期一次性还本付息。分次偿还债券主要有两种情况：

一种是在债券到期日前分次偿还本金和利息，于到期日全部结清债务；另一种是本金到期一次支付，利息在债券到期日前分次支付。该种分类有利于借入资金的计划筹措和偿还。

（二）债券的发行

1. 发行债券的资格

根据我国《公司法》的规定，股份有限公司、国有独资公司和两个以上的国有企业或者其他两个以上的国有投资主体投资设立的有限责任公司，具有发行公司债券的资格。

2. 发行债券的条件

根据我国《公司法》的规定，发行公司债券必须符合下列条件：

（1）股份有限公司的净资产额不低于人民币 3 000 万元，有限责任公司的净资产额不低于人民币 6 000 万元。

（2）累计债券总额不超过公司净资产的 40%。

（3）最近三年平均可分配利润足以支付公司债券一年的利息。

（4）筹集的资金投向符合国家产业政策。

（5）债券的利率不得超过国家限定的利率水平。

（6）国家规定的其他条件。

此外，发行公司债券所筹集资金，必须按审批机关批准的用途使用，不得用于弥补亏损和非生产性支出。

发行公司发生下列情形之一的，不得再次发行公司债券：前一次发行的公司债券尚未募足的；对已发行的公司债券或者其债务有违约或者延迟支付本息的事实，且仍处于继续状态的；违反规定，改变公开发行公司债券所募资金的用途。

3. 发行债券的程序

发行公司债券一般需要经过一定的程序。

（1）公司做出发行债券的决议。公司首先要研究合理资本结构对负债的需要，然后研究公司是否符合发行债券的条件，对符合债券发行条件的公司应提出债券发行计划，提交公司决策集团讨论通过，形成发行债券筹资的决议。

在决议中，对发行债券筹资的用途、使用资金可能产生的效益预测、债券的种类、发行对象、票面总额和利率、还本付息方式和时间等都要做出明确的决定。

（2）发行债券的申请与审批。因为公司向社会公众发行债券募集资金，数额大且债权人多，所牵涉的利益范围大，所以必须对公司债券的发行进行审批。凡欲发行债券的公司，先要向国家证券管理部门提出申请并提交公司登记证明、公司章程、公司债券募集办法、资产评估报告和验资报告等文件。国家证券管理部门根据有关规定，对公司的申请予以核准。

（3）制定债券募集办法并予以公告。发行公司债券的申请被批准后，应由发行公司制定公司债券募集办法。办法中应载明的主要事项有：公司名称、债券总额和票面金额、债券利率、还本付息的期限与方式、债券发行的起止日期、公司净资产额、已发行的尚未到期的债券总额、公司债券的承销机构。公司制定好募集办法后，应按当时、当地通常合理的方法向社会公告。

（4）募集借款。债券的发行，如同股票发行一样，也有自办发行和委托发行两种。自办发行的债款由发行公司收取，委托发行的公司由承办机构收取。根据我国公司债券管理条例规定：公司发行债券，应由证券经营机构承销，根据要求，发行公司应与承销机构签订承销协议，由承销机构按协议规定的办法和日期及时收取债款。

4.债券发行价格的确定

（1）决定债券发行价格的因素。公司债券发行价格的高低，主要取决于下述四项因素：

1）债券面额。一般而言，债券面额越大，发行价格越高。

2）票面利率。一般而言，债券的票面利率越高，发行价格也越高；反之就越低。

3）市场利率。一般而言，债券的市场利率越高，债券的发行价格越低；反之，就越高。

4）债券期限。债券的期限越长，债权人的风险越大，要求的利息报酬就越高，债券的发行价格就可能较低；反之，可能较高。

（2）确定债券发行价格的方法。在实际操作中，公司债券的发行价格通常有三种情况，即等价、溢价、折价。

等价是指以债券的票面金额作为发行价格，多数公司债券采用等价发行；溢价是指按高于债券面额的价格发行债券；折价是指按低于债券面额的价格发行债券。

（三）债券筹资的优缺点

1.债券筹资的优点

（1）债券成本较低。与股票的股利相比较而言，债券的利息允许在所得税前支付，发行公司可享受税上利益，故公司实际负担的债券成本一般低于股票成本。

（2）可利用财务杠杆。无论发行公司的盈利多少，债券持有人一般只收取固定的利息，而更多的收益可用于分配给股东或留用公司经营，从而增加股东和公司的财富。

（3）保障股东控制权。债券持有人无权参与发行公司的管理决策，因此，公司发行债券不会像增发新股票那样可能会分散股东对公司的控制权。

（4）便于调整资本结构。在公司发行可转换债券以及可提前赎回债券的情况下，则便于公司主动地合理调整资本结构。

2.债券筹资的缺点

（1）财务风险较高。债券有固定的到期日，并需定期支付利息，发行公司必须承担按期付息偿本的义务。

（2）限制条件较多。发行债券的限制条件一般要比银行借款、租赁筹资的限制条件都要多且严格，从而限制了公司对债券筹资方式的使用，甚至会影响公司以后筹资能力。

（3）筹资数量有限。公司利用债券筹资一般受一定额度限制。多数国家对此都有限定。我国《公司法》规定，发行公司流通在外的债券累计总额不得超过公司净资产的40%。

三、融资租赁

租赁是出租人以收取租金为条件，在契约或合同规定的期限内，将资产租借给承租人使用的一种经济行为。租赁行为在实质上具有借贷属性，不过它直接涉及的是物而不是钱。在租赁业务中，出租人主要是各种专业租赁公司，承租人主要是其他各类企业，租赁物大多为设备等固定资产。

现代租赁已经成为企业筹集资金的一种方式，用于补充或部分替代其他筹资方式。在租赁业务发达的条件下，它为企业普遍采用，它是企业筹资的一种特殊方式。

租赁的种类很多，目前我国主要有经营租赁和融资租赁两类。经营租赁是由出租人向承租企业提供租赁设备，并提供设备维修保养和人员培训等服务性业务，承租企业无须先筹资再购买设备即可享有设备的使用权，具有短期筹资的功效。融资租赁是由租赁公司按照承租企业的要求融资购买设备，并在契约或合同规定的较长期限内提供给承租企业使用的信用性业务。承租企业采用融资租赁的主要目的是融通资金。融资租赁集融资与融物于一身，具有借贷性质，是承租企业筹集长期借入资金的一种特殊方式。

（一）融资租赁的形式

融资租赁按其业务的不同特点，可细分为如下三种具体形式。

1. 直接租赁

直接租赁是指承租人直接向出租人租入所需要的资产，并付租金的融资租赁。直接租赁的出租人主要是制造厂商和租赁公司。直接租赁是融资租赁的典型形式，通常所说的融资租赁是指直接租赁形式。

2. 售后租回

售后租回是指根据协议，企业将某资产卖给出租人，再将其租回使用的融资租赁。资产的售价大致为市价，售后租回的出租人为租赁公司等金融机构。在这种形式下，承租人一方面通过出售资产获得了现金；另一方面又通过租赁满足了对资产的需要，而租金却可以分期支付。

3. 杠杆租赁

杠杆租赁是国际上比较流行的一种融资租赁形式。它一般要涉及承租人、出租人和贷款人三方当事人。从承租人的角度来看，它与其他融资租赁形式并无区别，同样是按合同的规定，在租期内获得资产的使用权，按期支付租金。但是对出租人却不同，出租人只垫支购买资产所需现金的一部分（一般为20%～40%），其余部分（为60%-80%）则以该资产为担保向贷款人借资支付。

因此，在这种情况下，租赁公司既是出租人又是借款人，据此既要收取租金又要偿付债务。这种融资租赁形式，由于租赁收益一般大于借款成本支出，出租人借款购物出租可获得财务杠杆利益，故被称为杠杆租赁。

（二）融资租赁的程序

融资租赁一般按如下程序进行：

1. 出租人根据生产经营需要选定需用设备，再选择租赁公司。对租赁公司的选择一般要综合考虑各家租赁公司的经营范围、业务能力、筹资能力、服务态度等各种条件，选择能达到租赁目的的最有利出租人。

2. 办理租赁委托。在该阶段，企业向选定的租赁公司提交租赁委托书，委托书一般应载明：承租企业名称、住所、开户银行及账号、租赁设备的名称、规格、型号、性能制造厂商，并附有项目可行性研究报告和企业财务报告等资料。

3. 签订购货协议。由租赁业务的一方或双方选定设备制造商或销售商，与其谈判，签署购货协议。

4. 签订租赁合同。经租赁公司对承租人的申请研究同意后，即可接受委托并与承租人签订租赁合同。租赁合同的主要内容包括租赁双方单位名称、租赁物的所有权和使用期限、到期租赁物的处理租金水平、支付方式、经济担保、保险税务、违约责任、争议仲裁。

5. 办理验货与保险。在此阶段，租赁公司应按租赁合同要求按期将设备运到交货地点，而后租赁双方办理移交手续，为确保租赁设备的安全，承租企业一般要办理投保。

6. 使用设备并按期交付租金。

7. 合同期满的设备处理。租赁合同期满租赁双方应办理结束合同手续，并对租赁设备按合同规定办法处理，或将设备按剩余价值买下，或将设备退还租赁公司，必要时也可以签订续租手续。

（三）融资租赁的租金

租金是承租企业占用出租人的资产而向出租人付出的代价。租金支付额的多少和支付方式必然对承租企业的现金流和财务状况产生影响，是租赁决策的重要考虑因素。

1. 融资租赁的租金构成

在我国，从事融资租赁的出租人主要有租赁公司、信托投资公司和银行信贷部门。这些出租人出租设备，除了要从租金中抵补其购入设备的各项成本和费用外，还要获取相应的利润，因此融资租赁的租金就包括租赁设备的成本、租赁设备的成本利息和租赁手续费三大部分。

（1）租赁设备的成本。租赁设备的成本包括设备的买价、运杂费和运输途中的保险费等项目。它是租金的主要组成部分。

（2）租赁设备的成本利息。租赁设备的成本利息是指租赁公司为承租企业购置设备融资而应计的利息，如为购买租赁设备而向银行借款所应支付的利息。

（3）租赁手续费。租赁手续费通常包括租赁公司承办租赁设备的营业费用，还包括出租人向承租企业提供租赁服务所赚取的利润。租赁手续费的高低一般无固定标准，通常由承租企业与租赁公司协商确定，按设备成本的一定比率计算。

2.租金的支付方式

租金的支付方式也影响每期租金的多少，一般而言，租金支付次数越多，每次的支付额越小。支付租金的方式通常分为三类：

（1）按支付时期长短，分为年付、半年付、季付和月付。

（2）按支付时期先后，分为先付租金和后付租金。先付租金是指在期初支付，后付租金是指在期末支付。

（3）按每次是否等额支付，分为等额支付和不等额支付。

3.租金的计算方法

租金的计算方法很多，名称叫法也不统一。目前，国际上流行的租金计算方法主要有平均分摊法、等额年金法、附加率法、浮动利率法。我国融资租赁实务中，大多采用平均分摊法。

平均分摊法是先以商定的利息率和手续费率计算出租赁期间的利息和手续费，然后连同设备成本按支付次数平均。这种方法没有充分考虑时间价值因素，计算较为简单。每次应付租金的计算公式可列示如下：

$$每次支付的租金 = \frac{(设备成本 - 预计残值) + 租期内利息 + 租赁手续费}{租期}$$

（四）融资租赁筹资的优缺点

1.融资租赁筹资的优点

（1）迅速获得所需资产。融资租赁集"融资"与"融物"于一身，一般要比先筹措现金后再购置设备来得更快，可使企业尽快形成生产经营能力。

（2）融资租赁筹资限制较少。企业运用股票、债券、长期借款等筹资方式，都受到相当多资格条件的限制，相比之下，租赁筹资的限制条件很少。

（3）设备陈旧过时的风险小。随着科学技术不断进步，设备陈旧过时的风险很高，而多数租赁协议规定由出租人承担，承租企业可免遭这种风险。

（4）财务风险小。全部租金通常在整个租期内分期支付，可适当减低不能偿付的危险。

（5）税收负担轻。租金费用可在所得税前扣除，具有抵免所得税的作用。

2.融资租赁筹资的缺点

（1）资本成本较高。一般来说，租金总额通常要高于设备价值的30%，比向金融机构借款或发行债券筹资所负担的利息高得多。

（2）资产处置权有限。承租企业在租赁期内无资产所有权，不能根据自身要求自行处置租赁资产。

四、商业信用

商业信用是指在商品交易中由于延期付款或预收货款所形成的企业间的借贷关系。商业信用产生于商品交换之中，是所谓的"自发性筹资"。它运用广泛，在短期负债筹资中占有相当大的比重。在大多数情况下，商业信用筹资属于"免费"资金。

（一）商业信用的形式

商业信用的具体形式有应付账款、应付票据和预收账款。

1. 应付账款

应付账款是企业购买货物暂未付款而欠对方的账项，即卖方允许买方在购货后一定时期内支付货款的一种形式。卖方利用这种方式促销，而对买方来说延期付款则等于向卖方借用资金购进商品，可以满足短期的资金需要。在这种形式下，买方通过商业信用筹资的数量与其是否享有现金折扣有关。

一般存在以下三种情况：

第一种，享有现金折扣，从而在现金折扣期内付款。在这种情形下，买方占用卖方货款的时间短，信用筹资数量相对较少。

第二种，不享有现金折扣，而在信用期内付款。在这种情形下，买方筹资量大小取决于对方提供的信用期长短。

第三种，超过信用期的逾期付款（即拖欠）。在这种情形下，买方筹资量最大，但它对企业信用的副作用也最大，成本也最高，企业一般不宜以拖欠货款来筹资。

（1）应付账款的成本。倘若买方企业购买货物后在卖方规定的折扣期内付款，便可以享受免费信用，这种情况下企业没有因为享受信用而付出代价。

（2）利用现金折扣的决策。在附有信用条件的情况下，因为获得不同的信用要负担不同的代价，买方企业便要在利用哪种信用之间做出决策。一般来说有以下几种情况。

如果能以低于放弃现金折扣的隐含成本（实质是一种机会成本）的利率借入资金，便应在现金折扣期内用借入的资金支付货款，享受现金折扣。比如，与上例同期的银行短期借款年利率为10%，则买方企业应利用更便宜的银行借款在折扣期内偿还应付账款；反之，企业应放弃现金折扣。

如果在现金折扣期内将应付账款用于短期投资，所得的投资收益率高于放弃现金折扣的隐含利息成本，则应放弃现金折扣而去追求更高的收益。当然，假使企业放弃现金折扣优惠，也应将付款日期推迟至信用期内的最后一天，以降低放弃现金折扣的成本。

如果企业因缺乏资金而欲展延付款期，则需在降低的放弃现金折扣成本与展延付款带来的损失之间做出选择。展延付款带来的损失主要是指因企业信誉恶化而丧失供应商乃至其他贷款人的信用，或日后招致苛刻的信用条件。

2. 应付票据

应付票据是企业进行延期付款商品交易时开具的反映债权债务关系的票据。根据承兑人的不同，应付票据分为商业承兑汇票和银行承兑汇票两种。但不管承兑人是谁，最终的付款人仍是购货人。应付票据的付款期限一般为 1 ~ 6 个月，最长不超过 6 个月。应付票据可以带息，也可以不带息。

应付票据的利率一般比银行借款的利率低，且不用保持相应的补偿余额和支付协议费，所以应付票据的筹资成本低于银行借款成本。但是应付票据到期必须归还，如若延期便要交付罚金，因而风险较大。

3. 预收账款

预收账款是卖方企业在交付货物之前向买方预先收取部分或全部货款的信用形式。对于卖方来讲，预收账款相当于向买方借用资金后用货物抵偿。预收账款一般用于生产周期长、资金需要量大的货物销售。

此外，企业往往还存在一些非商品交易中产生但也为自发性筹资的应付费用，如应付职工薪酬、应交税费、应付利息等。应付费用使企业受益在前、费用支付在后，相当于享用了收款方的借款，在一定程度上缓解了企业的资金需要。应付费用的期限具有强制性，不能由企业自由斟酌使用，但通常不需花费代价。

（二）商业信用筹资的优缺点

1. 商业信用筹资的优点

（1）手续简便。商业信用伴随商品交易活动的发生而产生，一旦商品成交，该种筹资方式便形成。

（2）机动性大。在市场经济条件下，供求往来单位很多，各自条件不一，选择余地大，限制条款少。

（3）筹资成本低。由卖方免费提供商业信用，如果没有现金折扣或企业不放弃现金折扣，则利用商业信用筹资没有筹资成本。

2. 商业信用筹资的缺点

（1）使用期限短，还款风险大。利用商业信用属于短期筹资方式，不能用于长期资产占用。此外，各种应付款项经常发生，次数频繁，需要企业随时做好现金调度。

（2）使用范围窄，主要适用于商品交易。

（3）容易产生拖欠货款，形成债务纠纷。该种方式以资金运动与物资运动相分离为本质特征，这要以购销双方相互信任为条件，在交易双方不了解或品质有问题的情况下，很容易形成拖欠，因此，在交易双方互不了解的情况下，利用商业信用筹资就不具备条件。

第四节　资本成本

一、资本成本概述

1. 资本成本的概念

资本成本，是企业为筹集和使用资金而支付的费用。具体包括资金筹集费和资金占用费两部分。

（1）资金筹集费

资金筹集费是指企业在筹资过程中为获取资金而支付的费用，主要包括支付的银行借款手续费，股票债券的发行费等。

（2）资金占用费

资金占用费是指企业在生产经营投资过程中使用资金而支付的费用，主要包括向债权人支付的利息，向股东发放的股利等。

2. 资本成本的作用

资本成本是企业选择筹资来源和方式，拟定筹资方案的依据，也是评价投资项目可行性的衡量标准。具体体现为：

（1）资本成本是影响企业筹资总额的重要因素。

（2）资本成本是选择企业资金来源的基本依据。

（3）资本成本是企业选用筹资方案的参考标准。

（4）资本成本是确定最优资本结构的主要参数。

二、个别资本成本

个别资本成本，指各种筹资方式所筹资金的成本，主要分为债务资本成本和权益资本成本两大类。债务资本成本包括银行借款资本成本和债券资本成本；权益资本成本包括优先股资本成本、普通股资本成本和留存收益资本成本。

1. 银行借款资本成本

由于银行借款的利息在税前支付，因此，其借款利息需要扣除所得税。

2. 债券资本成本

同银行借款一样，由于债券利息也在税前支付，因此，其借款利息也需要扣除所得税。

3. 优先股资本成本

企业发行优先股要支付筹资费用，还要定期支付股利。一方面，优先股与债券不同，它的股利在税后支付，因此，优先股的股利无须再次扣税；另一方面，优先股与普通股不同，它每年的股利是稳定不变的，因此，优先股的股利不存在增长率的问题。

4. 普通股资本成本

普通股股票为企业基本资金，其股利要取决于企业生产经营情况，不能事先确定，因此，普通股的资本成本很难预先准确地加以计算。

5. 留存收益资本成本

企业所获利润，按规定可留存一定比例的资金，满足自身发展资金需要。因留存收益属于普通股股东所有，其成本应与普通股相同，只是没有筹资费用。

三、综合资本成本

综合资本成本的概念：企业取得资金的渠道不尽相同，为保证企业有一个合理的资金来源结构，使各种资金保持合理的比率，就需要计算企业的综合资本成本。

综合资本成本也称为加权平均资本成本，是以各种资金所占的比重为权数，对各种资金的成本进行加权平均得出的。

四、边际资本成本

1. 边际资本成本的概念

边际资本成本是当企业追加筹资时，资金增加一个单位而增加的成本。确定不同追加筹资总额范围的关键是确定筹资总额分界点。由于企业追加筹资的金额一旦突破某一规模，因而资本成本率就开始变化。

2. 边际资本成本的计算

（1）确定目标资本结构。

（2）测算个别资本成本。

（3）计算筹资总额的分界点。

（4）确定各筹资总额的范围，并计算边际资本成本。

第五节　杠杆原理

自然界中的杠杆原理，是指人们利用杠杆可以用较少的力量移动较重物体的现象。在财务管理中也存在着杠杆效应，表现为：由于特定费用的存在而导致的，当某一财务变量以较小的幅度变动时，另一相关变量会以较大幅度变动。了解这些杠杆的原理，计算有关杠杆系数，可以衡量风险的大小。有助于企业合理地规避风险，提高财务管理水平。财务管理中的杠杆系数主要有：经营杠杆系数、财务杠杆系数和复合杠杆系数。

一、相关概念

1. 成本习性

成本习性是指成本总额与业务量之间在数量上的依存关系。成本按习性分类可分成固定成本、变动成本和混合成本。

（1）固定成本

固定成本是指其总额（在一定时期和一定业务量、销售量或产量）范围内不随业务量发生变动的那部分成本。如直线法计提的折旧费保险费、管理人员工资办公费、租金等。它具有下列特点：一是总额不变；二是单位固定成本将随业务量的增加而逐渐减少。

（2）变动成本

变动成本是指其总额在一定时期和一定业务量范围内随业务量成正比例变动的那部分成本。如直接材料、直接人工、计件工资、工作量法计提折旧费等。它具有下列特点：一是总额随业务量成正比例变动；二是单位变动成本保持不变。

（3）混合成本

有些成本虽然也随业务量的变动而变动，但不成正比例变动，不能简单地归入变动成本或固定成本，这类成本称为混合成本。例如，有的租约预先规定一个起点支付额（相当于固定成本），在此基础上每运转一小时支付一定数额（相当于变动成本）；再比如，化验员、质量检查人员工资、销售人员佣金等成阶梯状变化。

2. 本量利分析

（1）利润 = 销售量 ×（单价 — 单位变动成本）— 固定成本

（2）边际贡献 = 销售量 ×（单价 — 单位变动成本）

（3）单位边际贡献 — 边际贡献 + 销售量 = 单价 — 单位变动成本

因此，利润 = 边际贡献 — 固定成本总额 = 单位边际贡献 × 销售量固定成本

二、经营杠杆

1. 经营杠杆的概念

经营杠杆是指在某一固定经营成本比重的作用下，销售量变动对息税前利润产生的影响。由于固定经营成本的存在，因此，当产销量变动较小的幅度时，息税前利润将变动较大的幅度，这就是经营杠杆效应。

经营杠杆效应的大小可以用经营杠杆系数（简称 DOL）来表示，它是企业息税前利润的变动率与产销量变动率的比率。

2.经营杠杆与经营风险

引起企业经营风险的主要原因，是市场需求和成本等因素的不确定性。经营杠杆本身并不是利润不稳定的根源。但是，经营杠杆扩大了市场和生产等不确定因素对利润变动的影响，而且通过上述计算可以看出，经营杠杆系数越大，利润变动越激烈，企业的经营风险就越大。

一般来说，在其他条件相同的情况下，经营性固定成本占总成本的比例越大，经营杠杆系数越高，经营风险就越大。如果经营性固定成本为零，则经营杠杆系数为 1，息税前利润变动率将恒等于产销量变动率，企业就没有经营风险。

三、财务杠杆

1.财务杠杆的概念

财务杠杆是指资本结构中债务的运用对普通股每股收益的影响能力。企业的融资来源不外乎两种：债务资金与权益资金。无论企业营业利润为多少，债务的利息、融资租赁的租金和优先股的股利通常都是固定不变的。这种由于固定性财务费用的存在而导致普通股股东权益变动大于息税前利润变动的杠杆效应，称作财务杠杆效应。

财务杠杆效应的大小用财务杠杆系数来度量。它是指普通股每股利润 EPS 的变动率与息税前利润 EBIT 变动率的比率。

2.财务杠杆与财务风险

从简化公式可以看出，若企业资金中没有负债及优先股，则 1 和 D 均为 0，则财务杠杆系数将恒等于 1，EPS 的变动率将恒等于 EBIT 的变动率，企业也就得不到财务杠杆利益，当然也就没有财务风险。

在资金总额息税前利润相同的情况下。负债比率越高，财务杠杆系数越大，普通股每股收益波动幅度越大，财务风险就越大；反之，负债比率越低，财务杠杆系数越小，普通股每股收益波动幅度越小，财务风险就越小。

在实务中，企业的财务决策者在确定企业负债的水平时，必须认识到负债可能带来的财务杠杆收益和相应的财务风险，从而在利益与风险之间做出合理的权衡。

四、综合杠杆

综合杠杆是由经营杠杆和财务杠杆共同作用形成的总杠杆，如前所述。由于存在固定性的经营成本，产生经营杠杆作用，因而使息税前利润的变动幅度大于产销业务量的变动幅度；同样由于存在固定性财务费用，产生财务杠杆效应，使企业每股利润的变动率大于息税前利润的变动率。如果两种杠杆共同起作用，那么产销业务量稍有变动，每股利润就会发生更大的要动。这种由于固定生产经营成本和固定财务费用的共同存在而导致的每股利润变动率大于产销业务量变动率的杠杆效应称为综合杠杆效应。

综合杠杆效应的大小用复合杠杆系数来衡量，它是经营杠杆与财务杠杆的乘积，是指每股利润变动率与产销业务量变动率的比率。

第六节　资本结构

一、资本结构的含义和作用

资本结构是指企业各种筹资方式的资金构成及其比例关系，它是企业筹资决策中的关键问题。最优的资本结构就是使企业综合资本成本最低、企业价值最大的资本结构。企业资金的来源多种多样，但整体包括权益资本和负债资本两个类别。资本结构问题主要是负债资本比率的问题。负债筹资具有两面性，既可以降低企业的资本成本又会给企业带来财务风险。因此，在筹资决策时，企业必须权衡财务风险和资本成本的关系，确定最优的资本结构。

二、定义

资本结构是指企业各种资本的构成及其比例关系，有广义和狭义两种。

1.广义的资本结构指全部资本的构成，即自有资本和负债资本的对比关系。

2.狭义的资本结构是指自有资本与长期负债资本的对比关系，而将短期债务资本作为营业资本管理。

三、基本特征

1.企业资本成本的高低水平与企业资产报酬率的对比关系。

2.企业资金来源的期限构成与企业资产结构的适应性。

3.企业的财务杠杆状况与企业财务风险、企业的财务杠杆状况与企业未来的融资要求以及企业未来发展的适应性。

4.企业所有者权益内部构成状况与企业未来发展的适应性。

四、价值意义

资本的账面价值结构是指企业资本按历史账面价值基础计量反映的资本结构。

资本的市场价值结构是指企业资本按现实市场价值基础计量反映的资本结构。

资本的目标价值结构是指企业资本按未来目标价值计量反映的资本结构。

五、包含的具体内容

资本结构作为企业的价值构成，包含着企业的一系列结构问题，是企业在财务决策和规划中对以下各种结构的综合反映：

1. 筹资效益结构。筹资活动本身并不创造收益，但是通过筹资活动，可以改变和影响企业最终经营成果。不同的筹资方式对企业未来收益的影响不同。筹资效益结构主要是指确立和改变企业资本结构应该有利于企业最终效益（如自有资本利润率、每股收益、企业价值）的最大化。

2. 筹资风险结构。筹资风险主要是由负债筹资所致。企业负债比率越高，筹资成本越高，筹资风险也就越大。降低企业风险是资本结构问题的基本要点。

3. 筹资产权结构。不同的筹资渠道形成企业的不同产权结构。资本结构是企业产权结构的基本载体，资本结构的变化实质是企业产权关系的变更。

4. 筹资成本结构。筹资成本是筹资必须付出的代价，不同筹资方式与渠道下的筹资成本的差异，要求企业实现加权资本成本的合理化。

5. 筹资时间结构。长期资金与短期资金的数量关系的不同使企业面临的风险大小、筹资成本高低、筹资弹性强弱有很大差别。资本结构必须考虑各种不同筹资的期限结构。

6. 筹资空间结构。筹资的空间结构展示国际筹资、国内筹资、企业内部筹资的数量比例关系。

六、优化资本结构的原则

1. 资金成本最低原则

企业最优的资本结构首先应是企业价值最大的结构，而企业价值最大的资本结构应满足加权平均资金成本最低的要求。从一定意义上讲，最优的资本结构，就是在不降低经营企业的条件下使整个企业的平均资金成本最低。

2. 筹资时机适宜原则

时机是企业筹资时必须考虑的因素。如发行股票增资时，最好选择股价上涨时期。一方面可以顺利发行；另一方面可以使企业获得溢价收入。企业在筹资时，必须根据自身的实际情况随时调查国内外政治经济环境以及国家的财税政策、金融政策和主业政策的变化，捕捉到适宜的时机筹措资金。

3. 最优筹资组织原则

具体说来，就是要求在企业筹资总规模的基础上保持内外结合的策略；在偿还方式上选择最低成本方案；在偿还期限上采取分散化方式；在资金形态上坚持长短期相结合的方针等。

第五章 项目投资管理

投资管理是建设项目管理的核心内容，将利用项目投资管理的成功经验，精心策划，严格管理，以达到项目投资控制目标。项目的投资管理是一个非常复杂的过程，在投资过程中，企业不仅要进行投资控制，还要全过程贯彻风险管理。如果企业不能有效管理项目投资，就有可能在质量控制、投资控制和进度控制方面出现一定的风险，从而影响企业的盈利能力。本章将对项目投资管理进行介绍。

第一节 项目投资概述

一、投资的含义和种类

从广义上讲，投资是指企业为了在未来获得收益而发生的投入财力的行为。按照内容的不同，投资可分为项目投资、证券投资和其他投资等类型。

二、项目投资的含义及特点

项目投资是直接与新建项目或更新改造项目有关的长期投资行为。与其他形式的投资相比，项目投资具有以下主要特点：

1. 投资金额大

项目投资，特别是战略性的扩大生产能力投资一般都需要较多的资金，其投资额往往是企业及其投资人多年的资金积累，在企业总资产中占有相当大的比重。因此，项目投资对企业未来的现金流量和财务状况都将产生深远的影响。

2. 影响时间长

项目投资，投资期及发挥作用的时间都较长，对企业未来的生产经营活动和长期经营活动都将产生重大影响。

3. 变现能力差

项目投资一般不准备在 1 年或一个营业周期内变现，其变现能力也较差。因为项目投资一旦完成，要想改变是相当困难的，所以不是无法实现，就是代价太大。

4. 投资风险大

因为影响项目投资未来收益的因素特别多，加上投资额大、影响时间长和变现能力差，造成的投资风险必然比其他投资大，所以对企业未来的命运将产生决定性影响。无数事例证明，项目投资决策一旦失败，会给企业带来先天性的、无法逆转的损失。

三、项目投资的一般程序

1. 项目提出

投资项目的提出是项目投资的第一步，是根据企业的长远发展战略、中长期投资计划和投资环境的变化，在把握良好投资机会的情况下提出的。它可以由企业管理当局或企业高层管理人员提出，也可以由企业的各级管理部门和相关部门领导提出。

2. 项目评价

投资项目的评价主要涉及以下几项工作：对提出的投资项目进行适当分类，为分析评价做好准备；计算有关项目的建设周期，测算有关项目投产后的收入、费用和经济效益，预测有关项目的现金流出；运用各种投资评价指标，把各项投资按可行程度进行排序；写出详细的评价报告。

3. 项目决策

投资项目评价后，应按分权管理的决策权限由企业高层管理人员或相关部门经理做最后决策。投资额小的战术性项目投资或维持性项目投资，一般由部门经理做出决策，战略性的投资或投资额特别大的项目投资还需要报董事会或股东大会批准。不管由谁最后决策，决策结论一般可以分为以下三种：接受这个项目，可以投资；拒绝这个项目，不能进行投资；发还给项目提出的部门，重新论证后，再行处理。

4. 项目执行

在某项目的执行过程中，应注意判断原来做出的投资决策是否合理、是否正确。一旦出现新的情况，就要随时根据变化的情况对项目做出新的评价。如果情况发生重大变化，使原来的投资决策变得不合理，就要进行是否终止投资或怎样终止投资的决策，以免造成更大的损失。

四、项目投资的金额及其投入方式

1. 原始总投资和投资总额的内容

（1）原始总投资又称为初始投资，是反映项目所需现实资金水平的价值指标。从项目投资的角度看，原始总投资是企业为使项目完全达到设计生产能力、开展正常的生产经营活动而投入的全部现实资金，包括建设投资和流动资金投资两项内容。

建设投资是指在建设期内按一定生产经营规模和建设内容进行的投资，包括：

第一，固定资产投资。这是项目用于购置或安装固定资产应当发生的投资，也是任何类型项目投资中不可缺少的投资内容。计算折旧的固定资产原值与固定资产投资之间可能存在差异，原因在于固定资产原值可能包括应构成固定资产成本的建设期资本化利息，即固定资产原值 = 固定资产投资 + 建设期资本化利息。

第二，无形资产投资。这是指项目用于取得无形资产而发生的投资。

第三，开办费投资。这是组织项目投资的企业在筹建期内发生的不能计入固定资产和无形资产价值的那部分投资。

流动资金投资是指项目投产前后分次或一次性投放于流动资产项目的投资增加额，又称为垫支流动资金或营运资金投资。计算公式为：

本年流动资金增加额 = 本年流动资金需用额 − 截至上年的流动资金投资额

经营期流动资金需用额 = 该年流动资金需用额 − 该年流动负债需用额

（2）投资总额是一个反映项目投资总体规模的价值指标，等于原始总投资与建设期资本化利息之和。其中，建设期资本化利息是指在建设期发生的与构建项目所需的固定资产、无形资产等长期资产有关的借款利息。

2. 项目投资资金的投入方式

投资主体将总投资额注入具体投资项目的投入方式，分为一次性投入和分次投入。一次性投入是指投资行为集中一次发生在项目计算期第一个年度的年初或年末。如果投资行为涉及两个或两个以上年度，或虽然只涉及一个年度，但同时在该年度的年初和年末发生，则属于分次投入。

资金投入方式与项目投资的计算期的构成情况有关，同时也受投资项目的具体内容的制约。建设投资既可以采用年初预付的方式，也可以采用年末结算的方式，因此该项目投资必须在建设期内一次性投入或分次投入。就单纯固定资产投资项目而言，如果建设期等于零，说明固定资产投资的投资方式是一次性投入；如果固定资产投资是分次投入的，则意味着该项目建设期一般大于 1 年。

流动资金投资必须采用预付的方式，因此其首次投资最迟必须在建设期期末（投产日）完成，亦可在试产期内有关年份的年初分次追加投入。正因为如此，在实务中，即使完整工业项目的建设期为零，其原始投资也可能采用分次投入的方式。

第二节 项目投资决策的基本方法

一、项目现金流量的评估

（一）现金流量的概念

现金流量也称现金流动量。在项目投资决策中，现金流量是指投资项目在计算期内因资本循环而可能或应该发生的各种现金流入量与现金流出量、现金净流量的统称，它是计算项目投资决策评价指标的主要根据和重要信息之一。

项目投资决策所使用的现金概念，是广义的现金，它不仅包括各种货币资金，而且包括项目投入企业拥有的非货币资源的变现价值（或重置成本）。例如，一个项目如果需要使用原有的厂房、设备和材料等，则相关的现金流量是指它们的变现价值，而不是账面成本。

（二）现金流量的构成

投资决策中的现金流量，从时间特征上看包括以下三个组成部分：

1. 初始现金流量

初始现金流量是指开始投资时发生的现金流量，一般包括固定资产投资、无形资产投资、开办费投资、流动资金投资和原有固定资产的变价收入等。

2. 营业现金流量

营业现金流量是指投资项目投入使用后，在其寿命周期内由于生产经营所带来的现金流入和现金流出的数量。

3. 终结现金流量

终结现金流量是指投资项目完成时所发生的现金流量，主要包括固定资产的残值收入或变价收入、收回垫支的流动资金和停止使用的土地变价收入等。

（三）项目投资分析的假设条件

1. 投资项目类型假设

假设投资项目只包括单纯固定资产投资项目、完整工业投资项目和更新改造投资项目三种类型，这些项目又可进一步分为不考虑所得税因素项目和考虑所得税因素项目。

2. 财务可行性分析假设

假设投资决策是从企业投资者的立场出发，投资决策者确定现金流量就是为了进行项目财务可行性研究，该项目已经具备国民经济可行性和技术可行性。

3. 全投资假设

假设在确定项目的现金流量时，只考虑全部投资的运行情况，而不具体区分自有资金和借入资金等具体形式的现金流量，即使实际存在借入资金也将其作为自有资金对待。

4. 建设期投入全部资金假设

不论项目的原始总投资是一次性投入还是分次投入，除个别情况外，均假设它们是在建设期内投入的。

5. 经营期与折旧年限一致假设

假设项目主要固定资产的折旧年限或使用年限与经营期相同。

6. 时点指标假设

为了便于利用资金时间价值的形式，不论现金流量具体内容所涉及的价值指标实际上是时点指标还是时期指标，均假设按照年初或年末的时点指标处理。其中，建设投资在建设期内有关年度的年初或年末发生，流动资金投资则在建设期期末发生，经营期内各年的收入、成本、折旧、摊销、利润、税金等项目的确认均在年末发生，项目最终报废或清理均发生在终结点（更新改造投资项目除外）。

7. 确定性假设

假设与项目现金流量有关的价格、产销量、成本水平、所得税税率等因素均为已知常数。

（四）现金流量的内容

现金流入量是指能够使投资方案的现实货币资金增加的项目，简称现金流入；现金流出量是指能够使投资方案的现实货币资金减少或需要动用现金的项目，简称现金流出。不同投资项目的现金流入量和现金流出量的构成内容有一定差异。

1. 单纯固定资产投资项目的现金流量

新建项目中的单纯固定资产投资项目简称固定资产项目，是指只涉及固定资产投资而不涉及其他长期投资和流动资金投资的项目。它往往以新增生产能力、提高生产效率为特征。

（1）现金流入量的内容，包括：①增加的营业收入，指固定资产投入使用后每年新增的全部销售收入或业务收入。②回收固定资产余值，指该固定资产在终结点报废或清理时回收的价值。

（2）现金流出量的内容，包括：①固定资产投资。②新增经营成本，指该固定资产投入使用后每年增加的经营成本。③增加的各项税款，指该固定资产投入使用后，因收入增加而增加的营业税，因应纳税所得额增加而增加的所得税等。

2. 完整工业投资项目的现金流量

完整工业投资项目简称新建项目，是指以新增工业生产能力为主的投资项目，其投资涉及内容比较广泛。

（1）现金流入量的内容，包括：营业收入，指项目投产后每年实现的全部销售收入或业务收入，它是经营期主要的现金流入量项目。回收固定资产余值，指投资项目的固定资产在终结点报废或清理或中途变价转让处理时回收的价值。回收流动资金，主要指新建项目在项目投资的计算期完全终止时因不再发生新的替代投资而回收的原垫支的全部流动资金投资额。回收流动资金和回收固定资产余值统称为回收额。其他现金流入量，指以上三项指标以外的现金流入量项目。

（2）现金流出量的内容，包括：建设投资，指建设期发生的主要现金流出量。流动资金投资。经营成本，指在经营期内为满足正常生产经营而动用现实货币资金支付的成本费用，又称为付现的营运成本，它是生产经营阶段最主要的现金流出量项目。各项税款，指项目投产后依法缴纳的单独列示的各项税款，包括营业税和所得税等。其他现金流出量，指不包括在以上内容中的现金流出量项目。

3. 现金流量的估算

由于项目投资的投入、回收及收益的形成均以现金流量的形式表现，因此在整个项目投资的计算期的各个阶段都有可能发生现金流量，必须逐年估算每一时点上的现金流入量和现金流出量。下面以完整工业项目为例介绍现金流量的估算方法。

（1）现金流入量的估算

一是营业收入的估算。应按照项目在经营期内有关产品（产出物）的各年预计单价（不含增值税）和预测销售量进行估算。

二是回收固定资产余值的估算。由于已经假定主要固定资产的折旧年限等于经营期，因此对于建设项目来说，只要按主要固定资产的原值乘以其法定净残值率即可估算出在终结点发生的回收固定资产余值；在经营期内提前回收固定资产余值可根据其预计净残值估算。

三是回收流动资金的估算。假定在经营期不发生提前回收流动资金的情况，则在终结点一次性回收的流动资金应等于各年垫支的流动资金投资额的合计数。

（2）现金流出量的估算

一是建设投资的估算。其中，固定资产投资又称固定资产原始投资，主要应当根据项目规模和投资计划所确定的各项建筑工程费用、设备购置成本、安装工程费用和其他费用来估算。

二是流动资金投资的估算。首先应根据与项目有关的经营期每年流动资产需用额和该年流动负债需用额的差额来确定本年流动资金需用额，然后用本年流动资金需用额减去截至上年的流动资金投资用额（以前年度已经投入的流动资金累计数）来确定本年的流动资金增加额。

三是经营成本的估算。与项目相关的某年经营成本等于当年的总成本费用（含期间费用）扣除该年折旧额、无形资产和开办费的摊销额，以及财务费用中的利息支出等项目后的差额。

四是各项税款的估算。在进行新建项目投资决策时，要估算所得税；更新改造投资项目需要估算因变卖固定资产所发生的收益或损失抵补所得税。

二、非贴现的分析评价方法

1. 投资利润率

（1）投资利润率的定义。投资利润率又称投资回报率，是指投产期正常年度利润或年均利润占投资总额的百分比。

（2）投资利润率的优缺点。投资利润率是一个静态正指标。

它的优点是计算过程比较简单，能够反映建设期资本化利息的有无对项目的影响。其缺点在于没有考虑资金时间价值因素；不能正确反映建设期长短、投资方式的不同和回收额的有无等条件对项目的影响；无法直接利用净现金流量信息；计算公式中分子分母的时间特征不同，不具有可比性。

只有投资利润率指标大于或等于无风险投资利润率的投资项目才具有财务可行性。

2. 静态投资回收期

（1）静态投资回收期的定义

静态投资回收期又称全部投资回收期，简称回收期，是指以投资项目经营净现金流量抵偿原始总投资所需要的全部时间。该指标以年为单位，有两种形式：包括建设期的投资回收期（记作 PP）和不包括建设期的投资回收期（记作 PP'）。显然，在建设期为 S 时，$PP'+S=PP$。只要求出其中一种形式，就可很方便地推出另一种形式。

（2）静态投资回收期的计算方法

第一，年现金流量相等时。这种方法所要求的应用条件比较特殊，包括：项目投资后开始的若干年内每年的净现金流量必须相等；这些年内的经营净现金流量之和应大于或等于原始总投资。

如果一项长期投资决策方案满足以下特殊条件，即投资均集中发生在建设期内，投产后前若干年（设为 m 年）每年经营净现金流量相等，且以下关系成立：

$m \times$ 投产后前 m 年每年相等的净现金流量（NCF）≥原始总投资

第二，年现金流量不相等时。这种方法是通过计算"累计净现金流量"的方式来确定投资回收期的方法。因为不论在什么情况下，都可以通过这种方法来确定静态投资回收期，因此此法又称为一般方法。

（3）静态投资回收期的优缺点

它的优点是：能够直观地反映原始投资的返本期限；便于理解，计算简单；可以直接利用回收期之前的净现金流量信息。

缺点是：没有考虑资金时间价值因素；不能正确反映投资方式的不同对项目的影响；没有考虑回收期满后继续发生的净现金流量的变化情况。在不考虑其他评价指标的前提下，只有当该指标小于或等于基准投资回收期的投资项目才具有财务可行性。

第三节　项目投资决策评价指标的运用

一、独立方案财务可行性评价及投资决策

对于独立方案中的任何一个方案，企业在进行决策时都存在"接受"或"拒绝"的选择。只有完全具备或基本具备财务可行性的方案，才可以选择"接受"；完全不具备或基本不具备财务可行性的方案，只能选择"拒绝"。

评价财务可行性的要点包括：

1. 判断方案是否完全具备财务可行性的条件

如果某一投资方案的所有评价指标均处于可行区间，即同时满足以下条件，则可以断定该方案无论从哪个方面看都具备财务可行性，或完全具备财务可行性。这些条件是：净现值；净现值率；获利指数；内部收益率或行业基准折现率 i；包括建设期的静态投资回收期 n/2（项目投资的计算期的一半）；不包括建设期的静态投资回收期 p/2（经营期的一半）；投资利润率≥基准投资利润率 i（事先给定）。

2. 判断方案是否完全不具备财务可行性的条件

如果某一投资方案的评价指标均处于不可行区间，即同时满足以下条件，则可以断定该方案无论从哪个方面看都不具备财务可行性，或完全不具备财务可行性，应当彻底放弃。这些条件是：$NPV < 0$；$NPVR < 0$；$PI < i$；$IRR < i$；$PP > n/2$；$PP' > p/2$；$ROI < i$。

3. 判断方案是否基本具备财务可行性的条件

如果在评价过程中发现某一投资方案的主要指标处于可行区间（如 $NPV > 0$、$NPVR > 0$、$PI > 1$、$IRR > i$），但次要或辅助指标处于不可行区间（$PP > n/2$、$PP > p/2$、$ROI < i$），则可以断定该方案基本上具备财务可行性。

4. 判断方案是否基本不具备财务可行性的条件

如果在评价过程中发现某一投资方案出现 $NPV < 0$、$NPVR < 0$、$PI < 1$、$IRR < i$ 的情况；即使有 $PP > n/2$、$PP' > p/2$，也可断定该方案基本上不具备财务可行性。

在对独立方案进行可行性评价过程中，除了要熟练掌握和运用上述判定条件外，还必须明确以下两点：

第一，主要评价指标在评价财务可行性的过程中起主导作用。在对独立方案进行财务可行性评价和投资决策的过程中，当静态投资回收期（次要指标）或投资利润率（辅助指标）的评价结论与净现值等主要指标的评价结论发生矛盾时，应当以主要指标的评价结论为准。

第二，利用动态指标对同一个投资方案进行评价和决策会得出完全相同的结论。在对

同一投资方案进行财务可行性评价时，净现值、净现值率、获利指数和内部收益率指标的评价结论是一致的。

二、多个互斥方案的比较决策

（一）多个互斥方案的比较决策的含义

互斥方案是指互相关联、互相排斥的方案，即一组方案中的各个方案彼此可以相互代替，采纳方案组中的某一方案，就会自动排斥这组方案中的其他方案。因此，互斥方案具有排他性。例如，某企业拟增加一条生产线（购置设备），既可以自己生产制造，也可以向国内其他厂家订购，还可以向某外商订购，这一组设备购置方案即为互斥方案，因为在这三个方案中，只能选择其中一个。

多个互斥方案的比较决策是指在每一个入选方案已具备财务可行性的前提下，利用具体决策方法比较各个方案的优劣，利用评价指标从各个备选方案中最终选出一个最优方案的过程。对互斥方案而言，评价每一方案的财务可行性，不等于最终的投资决策，但它是进一步开展各方案之间比较决策的重要前提，因为只有完全具备或基本具备财务可行性的方案，才有资格进入最终决策程序；完全不具备或基本不具备财务可行性的方案，不能进入下一轮比较选择。已经具备财务可行性，并进入最终决策程序的互斥方案也不能保证在多方案决策中被最终选定，因为还要进行下一轮淘汰筛选。

（二）多个互斥方案的比较决策的方法

项目投资多个互斥方案的比较决策的方法是指利用特定评价指标作为决策标准或依据的各种方法的统称，主要包括净现值法、净现值率法、差额投资内部收益率法、年等额净回收额法和计算期统一法等。

1. 净现值法

净现值法是指通过比较所有投资方案净现值指标的大小来选择最优方案的方法。该方法适用于原始投资相同且项目投资的计算期相等的多个互斥方案的比较决策。在此方法下，净现值最大的方案为优。

2. 净现值率法

净现值率法是指通过比较所有投资方案的净现值率指标的大小来选择最优方案的方法。该方法适用于原始投资相同的多个互斥方案的比较决策。在此方法下，净现值率最大的方案为优。

在投资额相同的多个互斥方案的比较决策中，采用净值率法会与净现值法能得到完全相同的结论；但投资额不相同时，情况就不一样了。

例如，已知 A 项目与 B 项目为互斥方案。A 项目原始投资的现值为 300 万元，净现值为 59.94 万元；B 项目原始投资的现值为 200 万元，净现值为 48 万元。

要求：分别计算两个项目的净现值率（结果保留两位小数）；讨论能否运用净现值法或净现值率法在 A 项目和 B 项目之间做出比较。

解：（1）A 项目的净现值率 =59.94÷300≈0.20；B 项目的净现值率 =48÷200=0.24。

（2）在净现值法下，因为 59.94＞48，所以 A 项目优于 B 项目。在净现值率法下，因为 0.24>0.2，所以 B 项目优于 A 项目。由于两个项目的原始投资不相同，两种方法的决策结论相互矛盾，无法据此做出相应的比较决策。

可能有人认为结论应当是"B 项目优于 A 项目"，因为净现值率指标能反映项目单位投资所取得的净现值，B 项目的每万元投资可能带来 0.24 万元的净现值，而 A 项目的每万元投资只能带来 0.2 万元的净现值，显然，B 项目的投资效益要高于 A 项目。如果把用于 A 项目的 300 万元投资用于 B 项目，可以同时上 1.5 个 B 项目，就可以得到 72 万元（48 万 ×1.5=0.24×300 万）的净现值，该数据大于 A 项目的净现值 59.94 万元。

这样考虑问题似乎有一定道理，但如果考虑以下几点理由，又会得出截然不同的结论：第一，在上例中，参与比较决策的只有 A 项目和 B 项目，不存在将 A 项目的投资用于投资 B 项目的条件，即 B 项目不一定具有无限可复制性。所谓无限可复制性，是指可以同时上几个完全相同的项目。许多项目不具备这种特性。例如，经测算，在一个地区投资建设一条某型号汽车的生产线是有利可图的，但如果简单地同时重复建设两个以上该型号汽车的生产线，则完全有可能得不偿失。

第二，即使 B 项目具有无限可复制性，也不可能存在投资 1.5 个项目的可能性。因为半个 B 项目意味着投资额不足，无法形成生产能力，不会为投资者带来一分钱的正的净现值。

第三，假定投资者已经筹集到 300 万元的资金，如果只能上 B 项目，放弃 A 项目，就意味着为了追求 48 万元净现值而放弃 59.94 万元的净现值，同时还会有 100 万元（300 万 –200 万）的资金因找不到投资的出路而被闲置，要由 B 项目承担相应的资本成本。这样显然对投资者不利。

总之，通过以上分析，可得出结论：无论净现值法还是净现值率法，都不能用于原始投资不相同的多个互斥方案的比较决策，必须考虑采取其他方法。

3. 差额投资内部收益率法

差额投资内部收益率法是指在两个原始投资不同方案的差量现金净流量（ΔNCF）的基础上，计算出差额内部收益率（IRR），并将其与行业基准折现率进行比较，进而判断方案孰优孰劣的方法。该方法适用于两个原始投资不相同的多个互斥方案的比较决策。其原理如下：

假定有 A 和 B 两个投资方案，A 方案的原始投资大，B 方案的原始投资小。我们可以把 A 方案看成两个方案之和。第一个方案是 B 方案，即把 A 方案投资于 B 方案；第二个方案是 C 方案。用于 C 方案投资的是 A 方案投资额与 B 方案投资额之差。因为把 A 方案的投资用于 B 方案会因此节约一定的投资，可以作为 C 方案的投资资金来源。

C 方案的净现金流量等于 A 方案的净现金流量减去 B 方案的净现金流量而形成的差量净现金流量。根据该值计算出来的差额内部收益率，其实质就是 C 方案的内部收益率。

在这种情况下，A 方案等于 B 方案与 C 方案之和；A 方案与 B 方案的比较，相当于 B 与 C 两方案之和与 B 方案的比较。如果差额内部收益率大于行业基准折现率，则 C 方案具备财务可行性，这就意味着 A 方案优于 B 方案；如果差额内部收益率小于行业基准折现率，则 C 方案不具备财务可行性，这就意味着 B 方案优于 A 方案。

总之，在此方法下，当差额内部收益率大于或等于行业基准折现率或设定折现率时，原始投资额大的方案为优；反之，原始投资额小的方案为优。

4. 年等额净回收额法

年等额净回收额法是指通过比较所有投资方案的年等额净回收额（记作 NA）指标的大小来选择最优方案的决策方法。该方法适用于原始投资不相同，特别是项目投资的计算期不同的多个互斥方案的比较决策。在此方法下，年等额净回收额最大的方案为优。某方案的年等额净回收额等于该方案净现值与相关回收系数（或年金现值系数倒数）的乘积。

5. 计算期统一法

计算期统一法是指通过对计算期不相等的多个互斥方案选定一个共同的计算分析期，以满足时间可比性的要求，进而根据调整后的评价指标来选择最优方案的方法。该方法包括方案重复法和最短计算期法两种具体处理方法。

（1）方案重复法。方案重复法又称计算期最小公倍数法，是将各方案计算期的最小公倍数作为比较方案的计算期，进而调整有关指标，并据此进行多方案比较决策的一种方法。应用此方法，可采取以下两种方式：

第一种方式：将各方案计算期的各年净现金流量或费用流量进行重复计算，直到与最小公倍数计算期相等；然后，计算净现值、净现值率、差额内部收益率或费用现值等评价指标；最后根据调整后的评价指标进行方案比选。

第二种方式：直接计算每个方案项目原计算期内的评价指标（主要指净现值），再按照最小公倍数原理分别对其折现，并求代数和，最后根据调整后的净现值指标进行方案比选。

（2）最短计算期法。最短计算期法又称最短寿命期法，是指在将所有方案的净现值均还原为年等额净回收额的基础上，再按照最短的计算期计算出相应的净现值，进而根据调整后的净现值指标进行多个互斥方案的比较决策的一种方法。

固定资产更新改造投资项目简称更改项目，包括以全新的固定资产替换原有同型号的旧固定资产的更新项目和以一种新型号的固定资产替换旧型号的固定资产的改造项目两类。前者可以恢复固定资产的生产效率，后者则可以改善企业的经营条件。总之，它们都可以达到增产或降低成本的目的。

1）现金流入量的内容

现金流入量的内容包括：因使用新固定资产而增加的营业收入；处置旧固定资产的变现净收入，指在更新改造时因处置旧设备、厂房等而发生的变价收入与清理费用之差；新旧固定资产回收余值的差额，指按旧固定资产原定报废年份计算的，新固定资产当时余值大于旧固定资产设定余值形成的差额。

2）现金流出量的内容

现金流出量的内容包括：购置新固定资产的投资；因使用新固定资产而增加的经营成本（节约的经营成本用负值表示）；因使用新固定资产而增加的流动资金投资（节约的流动资金用负值表示）；增加的各项税款，指更新改造项目投入使用后，因收入的增加而增加的营业税，因应纳税所得额增加而增加的所得税等。

三、所得税与折旧对项目投资的影响

由于所得税是企业的一种现金流出，其大小取决于利润的大小和适用税率的高低，而利润的大小受折旧方法的影响，因此，讨论所得税对现金流量的影响必然会涉及折旧问题。折旧影响现金流量，从而影响投资决策，实际上是所得税的存在引起的。

（一）税后成本和税后收入

对企业来说，因为绝大部分费用项目都可以抵减所得税，所以支付的各项费用应以税后的基础来观察。凡是可以减免税负的项目，实际支付额并不是企业真正的成本，而应将因此减少的所得税考虑进去。扣除了所得税影响以后的费用净额，称为税后成本。

（二）折旧的抵税作用

加大成本会减少利润，从而使所得税减少。如果不计提折旧，企业的所得税将会增加许多。折旧可以起到减少税负的作用，这种作用称为"折旧抵税"。

证券是商品经济和社会化大生产发展的产物，其含义非常广泛。从法律意义上说，证券是指各类记载并代表一定权利的法律凭证的统称。它代表了一定量的财产权利、证明证券持有人有权按期取得一定的利息或股息等收入并可自由转让和买卖的所有权或债权凭证。包括股票、债券及其衍生品等。

债券是发行者为筹集资金，按法定程序向债权人发行的，在约定时间支付一定比率的利息，并在到期时偿还本金的一种有价证券。发行者必须在债券上载明债券面值、债券利率、付息日及到期日。目前我国发行的债券有到期一次还本付息债券，分期付息、到期还本债券，贴现发行的债券三种形式。本节仅对估价模型与收益率予以介绍，其余相关知识将在第三章予以阐述。

债券的价值是发行者按照合同规定从现在至债券到期日所支付的款项的现值。影响债券价值的因素主要有债券的面值、期限、票面利率和所采取的折现率等因素。计算现值时使用的折现率取决于当前的市场利率和现金流量的风险水平。下面介绍几种最常见的债券估价模型。

1. 分期付息、到期还本的债券估价模型

分期付息、到期还本的债券估价模型是债券估价的基本模型，其一般计算公式为：

债券价值 = 未来收取的利息和收回本金的现值合计 = 每期利息 × 年金现值系数 + 债券面值 × 复利现值系数

即：

$$V = \sum_{t=1}^{n} \frac{I}{(1+k)^t} + \frac{M}{(1+k)^n}$$
$$= I \times (P/A, k, n) + M \times (P/F, k, n)$$

式中：I——每期利息；

M——债券面值或到期本金；

k——市场利率或投资者要求的最低报酬率；

n——付息期数。

2. 贴现发行债券的估价模型

债券以贴现方式发行，没有票面利率，到期按面值偿还，这种债券也称零票面利率债券。这种债券以贴现方式发行，也即以低于面值的价格发行，到期按面值偿还。其估价模型为：

债券价值 = 债券面值 × 复利现值系数

即：

$$V = \frac{M}{(1+k)^n} = M \times (P/F, k, n)$$

公式中的符号含义同前式。

债券的收益水平通常用到期收益率来衡量。到期收益率是指以特定价格购买债券并持有至到期日所能获得的收益率。它是使未来现金流量现值等于债券购入价格的折现率，相当于投资者按照当前市场价格购买并且一直持有到满期时可以获得的年平均收益率。

一般的债券到期都按面值偿还本金，所以，随着到期日的临近，债券的市场价格会越来越接近面值。

1. 短期债券到期收益率

对处于最后付息周期的附息债券、贴现债券和剩余流通期限在一年以内（含一年）的到期一次还本付息债券，其到期收益率的计算公式为：

$$到期收益率 = \frac{(到期本息和 - 债券买入价)/债券买入价}{剩余到期年限} = \times 100\%$$

2.长期债券到期收益率

（1）到期一次还本付息债券

剩余流通期限在一年以上的到期一次还本付息债券的到期收益率采取复利计算。计算公式为：

$$PV=(M+M \times i \times n) \times (P/F, k, t)$$

式中，k——到期收益率；

PV——债券买入价；

i——债券票面年利率；

n——债券有效年限；

M——债券面值；

t——债券的剩余年限。

（2）按年付息债券

不处于最后付息期的固定利率附息债券的到期收益率可用下面的公式计算，各字母代表的含义同上式：

$$PV=M \times i \times (P/A, k, n)+M \times (P/F, k, t)$$

股票是股份有限公司为筹措股权资本而发行的有价证券，是公司签发的证明股东持有公司股份的凭证。股票作为一种所有权凭证，代表着对发行公司净资产的所有权。股票只能由股份有限公司发行。

股票作为一种投资，现金流出是其购买价格，现金流入是股利和出售价格。股票未来现金流入的现值，称为股票的价值或股票的内在价值。股票的价值不同于股票的价格，受社会、政治、经济变化和心理等诸多因素的影响，股票的价格往往背离股票的价值。

下面介绍几种最常见的股票估价模型：

1.短期持有股票，未来准备出售的股票估价模型

一般情况下，投资者投资股票，不仅希望得到股利收入，更期望在股票价格上涨时出售股票获得资本利得。如果投资者不打算永久地持有该股票，而在一段时间后出售，他的未来现金流入是几次股利和出售时的股价。此时的股票估价模型为：

$$V = \sum_{t=1}^{n} \frac{D_t}{(1+k)^t} + \frac{P_n}{(1+k)^n}$$

式中：V——股票的内在价值；

D_t——第 t 期的预期股利；

P_n——未来出售时预计的股票价格；

K——贴现率，一般采用当时的市场利率或投资人要求的必要收益率；

N——预计持有股票的期数。

2. 长期持有、股利稳定不变的股票估价模型

在每年股利稳定不变，投资人持有期限很长的情况下，股票的估价模型可在第一种模型的基础上简化为：

$$V = \frac{D}{k}$$

式中：V 为股票的内在价值，D 为每年固定股利，k 为投资人要求的必要收益率。

3. 长期持有、股利固定增长的股票估价模型

如果一个公司的股利不断增长，投资者的投资期限又非常长，则股票的估价就相对复杂，只能计算近似值。设今年股利为 D_0，第 t 年股利为 D_1，每年股利比上年增长率为 g，则：

$$V = \frac{D_0(1+g)}{k-g} + \frac{D_1}{k+g}$$

4. 非固定增长股票的价值

在现实生活中，有的公司股利是不固定的。例如，在一段时间里高速增长，在另一段时间里正常固定增长或固定不变。在这种情况下，就要分段计算才能确定股票的价值。

股票投资收益是指投资者从购入股票开始到出售股票为止整个持有期间所获得的收益，这种收益由股利收入和股票买卖差价两方面组成。

股票投资收益率是指使得股票未来现金流量的折现值等于目前的购买价格时的折现率，也就是股票投资的内涵报酬率（或内部收益率）。股票投资收益率可按下式计算：

$$P = \sum_{t=1}^{n} \frac{D_t}{(1+k)^t} + \frac{P_n}{(1+k)^n}$$

式中：P——股票的买入价格；

D_t——第 t 期的股利；

P_n——股票的卖出价格；

K——股票投资收益率；

n——持有股票的期限。

证券是指用以证明或设定权利所做成的书面凭证，它表明证券持有人或第三者有权取得该证券拥有的特定权益，或证明其曾经发生过的行为。证券是用来证明证券持有人享有的某种特定权益的凭证。如股票、债券、本票、汇票、支票、保险单、存款单、借据、提货单等各种票证单据都是证券。

证券具备两个最基本的特征：

一是法律特征，即它反映的是某种法律行为的结果，本身必须具有合法性。

二是书面特征，即必须采取书面形式或与书面形式有同等效力的形式，并且必须按照特定的格式进行书写或制作，载明有关法规规定的全部必要事项。

证券按其性质不同可分为凭证证券和有价证券两大类。

凭证证券又称无价证券，是指本身不能使持有人或第三者取得一定收入的证券。

有价证券是一种具有一定票面金额，证明持券人有权按期取得一定收入，并可自由转让和买卖的所有权或债权证书，通常简称为证券。其主要形式有股票和债券两大类。其中债券又可分为公司债券、国家公债和不动产抵押债券等。有价证券本身并没有价值，只是由于它能为持有者带来一定的股息或利息收入，因而可以在证券市场上自由买卖和流通。

单位进行证券投资一般具有以下目的：

为保证未来的现金支付进行证券投资；进行多元化投资，分散投资风险；为了对某一单位进行控制或实施重大影响而进行股权投资；为充分利用闲置资金进行营利性投资。

总体来讲，证券投资在各项投资活动中是处于从属地位的，是为单位的整体经营目标服务的。

证券投资是指基于对投资对象的发展趋势判断，为获得经济利益而投入的资金或资源用以转化为实物或金融资产的行为和过程。

证券投机指根据对证券市场的判断，把握机会，利用市场出现的价差进行买卖，并从中获得利润的交易行为。投机就是投资机会，没有机会就不进场交易。

证券投资主要包括以下几种形式：

债券投资；股票投资；基金投资。

债券是发行者为筹集资金向债权人发行的，于未来约定时间支付一定比例的利息，并在到期时偿还本金的一种有价证券。

和其他证券投资相比，债券投资风险比较小，本金安全性高，收入稳定性强，但投资者对发行债券的单位没有经营管理权。

评价债券投资收益水平的指标主要有两项：债券价值和到期收益率。

债券价值是指债券未来现金流入的现值总和。

在债券的投资过程中，投资者需要考虑债券价格和所购买债券在未来所获得的现金流量的现值之和。

根据债券购买价格和债券价值计算公式，即可计算债券的到期收益率。

债券价值的计算公式如下：

$$V=I_1/(1+i)+I_2/(1+i)^2+...+I_n/(1+i)^n+M/(1+i)^n=I(P/A, i, n)+M(P/S, i, n)$$

式中：

V——债券价值；

i——票面利息率；

$I_1, I_2......I_n$——债券持有期的每阶段利息；

M——债券账面价值；

P/A——年金现值系数；

P/S——复利现值系数。

投资债券的单位可能存在以下风险：

违约风险，是指发行债券的单位无法按时支付债券利息和偿还本金的风险；利率风险，是指由于市场利率变动，如利率升高所引起的风险；变现风险，是指由通货膨胀引起的债券价值降低所形成的变现损失风险；回收性风险，是指购买具有回收性条款的债券，遭遇强制收回的可能，这种可能常常在市场利率下降时发生。

股票是股份公司发给股东的所有权凭证，是股东借以取得股利的一种有价证券。股票主要有普通股和优先股两种类型。

单位投资股票往往具有以下投资目的：

短期股票投资目的：获取差价；长期股票投资目的：获得所投资公司的控制权。

股票投资收益高，风险高。但与此同时，股票价格不稳定，因此，收入亦不稳定。

股票投资一般针对普通股进行。因此，这里以普通股为标的展开分析。

因为股票投资期限不确定，未来股利和变现价值也不确定，所以在确定股票投资收益率时经常使用折现法来计算其收益率。

基金投资是一种利益共享、风险共担的集合投资方式。

基金投资的优点：

可以在不承担太大风险的情况下获得较高收益；具有专家理财优势，具有资金规模优势。

基金投资的缺点：

无法获得很高的投资收益；在大盘整体大幅度下跌时，投资人可能承担较大风险。

按基金的组织形式划分，可分为契约型基金和公司型基金。

契约型基金也称信托型投资基金，它是依据信托契约通过发行受益凭证而组建的投资基金。该类基金一般由基金管理人、基金保管人及投资者三方当事人订立信托契约。基金管理人可以作为基金的发起人，通过发行受益凭证将资金筹集起来组成信托财产，并依据信托契约由基金托管人负责保管信托财产，具体办理证券、现金管理及有关的代理业务等。投资者也是受益凭证的持有人，通过购买受益凭证参与基金投资，享有投资受益。基金发行的受益凭证表明投资者对投资基金所享有的权益。

公司型基金又叫作共同基金，指基金本身为一家股份有限公司，公司通过发行股票或受益凭证的方式来筹集资金。投资者购买了该家公司的股票，就成为该公司的股东，凭股票领取股息或红利、分享投资所获得的收益。

按基金的发行限制条件划分，可分为封闭型基金和开放型基金，开放型基金是和封闭型基金相对而言的。封闭型基金的资本额是确定的，不允许投资者随时赎回其投资，投资者只能在流通市场转让其所持有的基金单位而兑现。而开放型基金是指设立基金时，发行的基金单位总数不固定，可以根据经营策略的实际需要连续发行，投资人可以随时申购基金单位，也可以随时要求基金管理人赎回其基金单位，申购或赎回基金单位的价格按基金的净资产值计算。

基金的价值表现在，基金能给投资者带来一定的现金流量。

在实践中，基金单位净值（Net Asset Value，缩写为 NAV）是指在某一时点每一基金单位（或基金股份）所具有的市场价值。

其计算公式为：

$$基金单位净值=\frac{基金净资产价值总额}{基金单位总份额}$$

其中：基金净资产价值＝基金总资产市场价值－基金负债总额

在证券投资界，有一句经典的指导原则："不要把所有的鸡蛋放在一个篮子里。"进行证券投资就要求我们做好证券的投资组合工作。

证券组合有多种形式，投资者从中选择什么样的投资组合主要取决于投资者对风险的偏好程度以及承受能力。由于投资者厌恶风险的程度不同，这样就形成了各种不同类型的证券投资组合。

常见的证券投资组合类型有以下几种：

保守型证券投资组合：

这种证券投资组合尽量模拟证券市场的某种市场指数，以求分散掉全部可分散风险，获得与市场平均报酬率相同的投资报酬。这种证券投资组合所承担的风险主要是证券市场的系统性风险，非系统性风险基本上能够消除，但其投资收益也不会高于市场的平均收益，因此是比较保守的投资组合类型。信奉有效市场理论的投资者通常会选择这种投资组合。

进取型证券投资组合：

进取型证券投资组合也称成长型证券投资组合，它以资本升值为主要目标，尽可能多选择一些成长性较好的股票，而少选择低风险低报酬的股票，这样就可以使投资组合的收益高于证券市场的平均收益。这种投资组合的收益较高，风险也高于证券市场的平均风险。所以，采用这种投资组合，如果做得好，可以取得远远高于市场平均报酬的投资收益；如果失败，会造成较大的损失。采用这种投资组合不仅要求投资者具备较好的证券投资知识，还要对投资组合进行深入细致的分析。

收入型证券投资组合：

收入型证券投资组合，也称稳健型证券投资组合，它是一种比较常用的投资组合类型。这种投资组合以追求低风险和稳定的收益为主要目标。收入型投资组合通常选择一些风险不大、效益较好的公司的股票。

这些股票虽然不是高成长的股票，但能够给投资者带来稳定的股利收益。因此，收入型投资组合的风险较低，但收益却比较稳定。

确定证券投资组合的基本目标：

由于投资者的风险偏好不同，因而不同类型的投资组合也具有不同的目标。进行证券投资组合管理，必须根据投资者对风险与收益的偏好来确定所选择投资组合的基本目标。

制定证券投资组合的管理政策：

证券投资组合的管理政策一般应包括证券组合的投资范围、投资品种的选择办法、风险控制办法、投资组合的资金管理办法等。证券投资组合的管理政策是为实现投资组合的基本目标服务的，同时也是进行具体投资活动的行为规则。

确定最优证券投资组合：

确定最优证券投资组合，首先必须对证券市场上各种证券的特点进行分析，确定适合投资的类别，然后根据投资组合的基本目标确定符合自己风险偏好的最优证券组合。

调整证券投资组合：

最优投资组合确定之后，并非万事大吉。由于证券市场是处于不断变动状态的，个别证券的收益与风险特征都可能发生变化。由于这些变化，有些证券可能已不再符合投资者的投资目标，因此，投资者应当及时了解这些变化，并对证券组合做出适时的调整，修订原来的证券投资组合。

进行证券投资组合的业绩评估：

这是进行证券组合管理的最后一个环节。经过一段时间的投资之后，投资者应当对证券组合的业绩进行评估，这是非常重要的工作，它既涉及对过去投资活动的业绩评价，也关系到将来投资组合管理的方向。业绩评价要以投资组合的基本目标为基准，分析现有的证券组合是否有利于实现投资组合的目标。业绩评价既要评价组合的投资收益，也要分析组合的风险水平。投资组合的风险水平应当符合投资者的风险偏好和承受能力，如果超过了投资者的风险承受能力，即便取得了较高的投资收益也是不可取的。

在西方一些发达国家，比较流行的投资组合三分法是：1/3 的资金存入银行以备不时之需；1/3 的资金投资于债券、股票等有价证券；1/3 的资金投资于房地产等不动产。同样，投资于有价证券的资金也要进行三分，即 1/3 投资于风险较大的、有发展前景的成长性股票；1/3 投资于安全性较高的债券或优先股等有价证券；1/3 投资于中等风险的有价证券。

证券的风险大小可以分为不同的等级，收益也有高低之分。投资者可以测定出自己期望的投资收益率和所能承受的风险程度，然后在市场中选择相应风险和收益的证券作为投资组合。一般来说，在选择证券投资组合时，同等风险的证券，应尽可能选择报酬高的；同等报酬的证券，应尽可能选择风险低的，并且要尽可能选择一些风险呈负相关的证券投资组合，以便分散掉证券的非系统性风险。

这种投资组合的方法就是根据投资者未来的现金流量来安排各种证券不同的投资期限，进行长、中、短期相结合的投资组合。投资者对现金的需求总是有先有后，长期不用的资金可以进行长期投资，以获得较大的投资收益；近期就可能要使用的资金最好投资于风险较小、易于变现的有价证券。

第六章　流动资金管理

社会在不断发展、进步，企业也随之不断壮大，企业如果想从市场竞争中脱颖而出，就需要提升自己的综合实力，增强行业竞争力，完善和改进企业整体的治理制度是不可缺少的。在企业的日常管理中，流动资金的管理、运用，是整个企业生产经营的关键，是其经济效益提升，员工收入有所增长，加速周转的关键。企业流动资金管理的优化，将会使企业降低不必要的支出，减少各种不合理的花费，使得企业增加收入，为职工谋得福利。本章主要对流动资金管理的相关内容进行介绍。

第一节　流动资金概念及特点

一、流动资金的概念

流动（营运）资金是指在企业生产经营活动中占用在流动资产上的资金。流动（营运）资金有广义和狭义之分，广义的营运资金是指一个企业流动资产的总额；狭义的营运资金是指流动资产减去流动负债后的余额。营运资金的管理既包括流动资产的管理，也包括流动负债的管理。本书采用的是狭义营运资金的概念。

从会计角度看，营运资金是指流动资产和流动负债的差额。它反映企业短期债务的偿还能力。从财务管理角度看，营运资金反映的是流动资产和流动负债关系的总和，是对企业所有短期性财务活动的统称，并且它与诸多财务指标密切相关，是整体财务结构的组成部分。

所谓流动资产，是指可以在1年内或长于1年的一个营业周期内变现的资产。按照流动资产的变现速度（速度越快，流动性越高，反之越低）划分，流动性最高的资产属货币资金；其次是短期投资；再次是应收账款；最后是存货。同样地，流动负债是指需要在1年或者超过1年的一个营业周期内偿还的债务，又称短期融资，主要包括以下几类项目：短期借款、应付账款、应付工资、应交税金及应付利润（股利）等。

二、营运资金的特点

企业营运资金管理十分复杂，这是由营运资金自身特点决定的，其特点主要包括：

1. 营运资金的周转具有短期性

企业占用在流动资产上的资金，周转一次所需时间较短。通常会在 1 年或一个经营周期内收回，对企业影响的时间比较短。根据这一特点，营运资金可以用商业信用银行短期借款等短期筹资方式来加以解决。

2. 营运资金的实物形态具有易变现性

短期投资、应收账款、存货等流动资产一般具有较强的变现能力，如果遇到意外情况，企业出现资金周转不灵、现金短缺时，便可迅速变卖这些资产，以获取现金，帮助企业渡过难关。

3. 营运资金的数量具有波动性

流动资产的数量会随企业内外条件的变化而变化，时高时低，波动很大。季节性企业如此，非季节性企业也如此。随着流动资产数量的变动，流动负债的数量也会相应发生变化。

4. 营运资金的实物形态具有变动性

企业营运资金的实物形态往往随着企业生产经营活动的变动而变动，一般按照现金、材料、在产品、产成品、应收账款、现金的顺序转化。企业筹集的资金，一般都以现金的形式存在；为了保证生产经营的正常进行，必须拿出一部分现金去采购材料，这样，有一部分现金转化为材料；材料投入生产后，产品尚未最后完工脱离加工过程以前，便形成在产品和自制半成品；当产品被加工完成后，就成为准备出售的产成品；产成品经过出售等方式可直接获得现金，有的则因赊销而形成应收账款；经过一段时间，应收账款通过收现又转化为现金。

5. 营运资金的来源具有灵活多样性

企业筹集营运资金的来源渠道和方式是多种多样的，通常有银行短期借款、短期融资券、商业信用、应缴税金、应缴利润、应付工资、应付费用、预收货款、应计款项、预提款项及各类直接借款，从一般的商业信用到国家信用、个人信用和贸易信用等，其期限也是长短不一的。

正是上述特点决定了营运资金的灵活性与复杂性。对其实施的管理决不能是一种盲目的管理活动，应该是在一系列科学、合理的理念指导下有序进行的。

三、营运资金的管理原则

企业的营运资金在全部资金中占有相当大的比重，而且周转期短，形态易变，所以是企业财务管理工作的一项重要内容。企业进行营运资金管理，必须遵循以下原则。

1. 认真分析生产经营状况，合理确定营运资产的需要数量

企业营运资金的需要数量与企业生产经营活动有直接关系。当企业产销两旺时，流动资产会不断增加，流动负债也会相应增加；而当企业产销量不断减少时，流动资产和流动负债也会相应减少。因此，企业财务人员应认真分析生产经营状况，采用一定的方法预测营运资金的需要数量，以便合理使用营运资金。

2. 在保证生产经营需要的前提下，节约使用资金

在营运资金管理中，必须正确处理保证生产经营需要和节约合理使用资金二者之间的关系，要在保证生产经营需要的前提下，遵守勤俭节约的原则，挖掘资金潜力，精打细算地使用资金。

3. 合理安排流动资产与流动负债的比例关系，保证企业有足够的短期偿债能力

流动资产、流动负债以及二者之间的关系能较好地反映企业的短期偿债能力。流动负债是在短期内需要偿还的债务，而流动资产则是在短期内可以转化为现金的资产。因此，如果一个企业的流动资产比较多，流动负债比较少，说明企业的短期偿债能力较强；反之，则说明短期偿债能力较弱。但如果企业的流动资产太多，流动负债太少，也并不是正常现象，这可能是因流动资产闲置、流动负债利用不足所致。因此，在营运资金管理中，要合理安排流动资产和流动负债的比例关系，以便既节约使用资金，又保证企业有足够的偿债能力。

第二节　现金管理

一、现金概述

现金的定义有狭义与广义之分。狭义的现金仅指库存现金，而广义的现金除了库存现金以外，还包括各种现金等价物，即指随时可以根据需要转换成现金的货币性资产，如银行存款、外埠存款和在途现金。本书所指的现金是广义的现金。

现金是流动性最强的一种货币性资产，是在企业的生产经营过程中以货币形态存在的那部分资产，是企业流动资产的重要组成部分。现金包括一切可以自由流通与转让的交易媒介，如库存现金、银行存款、外埠存款、银行本票存款、银行汇票存款、在途现金等。

根据核算和管理的需要，可以将现金按不同的标准进行分类。现金按形式的不同可分为铸币、纸币、银行存款、支票、本票、银行汇票等；按币种不同可分为本币和外币。

企业流入、流出及置存的现金是投资者、债权人和管理当局据以进行经营决策的最基

本的因素之一。因此，它代表着企业的现实购买力，并且这种现实购买力能够在社会经济生活中极易得到实现，具有流动性强的特点。企业为了进行正常的生产经营活动，必须拥有一定数额的现金，用于材料采购、支付工资、缴纳税金、支付利息及进行其他投资活动。同时，一个企业拥有现金的多少，又标志着其偿债能力与支付能力的大小，是企业投资人、债权人等分析判断企业财务状况好坏的重要标志。

二、现金的持有动机和成本

（一）现金的持有动机

尽管货币资金通常被称为"非盈利资产"，然而任何企业都必须持有一定数量的现金。具体来说，企业持有货币资金的动机可归纳如下。

1. 交易动机

为满足日常业务的现金支付，必须持有一定数额的货币资金。尽管企业也经常会收到现金，但现金的收支在时间数额上往往是不同的，若不维持适当的现金余额，就难以保证企业的业务活动正常进行下去。一般说来，企业为满足交易动机所持有的现金余额主要取决于销售水平。企业销售扩大，销售额增加，所需现金余额也随之增加。

2. 预防动机

预防动机即置存现金以防发生意外的支付。这种需求的大小与现金预算的准确性、突发事件发生的可能性及企业取得短期借款的难易程度有关。现金预算越准确，突发事件发生的概率越小，企业取得短期借款越容易，则所需预防性余额越小；反之，所需预防性余额越大。

3. 投机动机

投机动机即企业为了抓住各种瞬息即逝的市场机会、获取较大的利益而准备的现金余额。比如，遇有廉价原材料或其他资产供应的机会，便可用手头现金大量购入；再比如，在适当时机购入价格有利的股票和其他有价证券等。当然，除了金融和投资公司外，一般来讲，其他企业专为投机性需要而特殊置存现金的不多，遇到不寻常的购买机会，也常设法临时筹集资金，但拥有相当数额的现金，确实为突然的大批采购提供了方便。

企业除以上三种原因持有现金外，也会基于满足将来某一特定要求或者为在银行维持补偿性余额等其他原因而持有现金。企业在确定现金余额时，一般应综合考虑各方面的持有动机。但要注意的是，由于各种动机所需的现金可以调节使用，因此企业持有的现金总额并不等于各种动机所需现金余额的简单相加，前者通常小于后者。另外，上述各种动机所需保持的现金，并不要求必须是货币形态，也可以是能够随时变现的有价证券以及能够随时转换成现金的其他各种存在形态，如可随时借入的银行信贷资金等。

（二）现金的成本

现金的成本通常由以下四部分组成。

1. 机会成本

机会成本是企业不能同时用该现金进行有价证券投资所产生的再投资收益，这种成本在数额上等同于资金成本。它与现金持有量成正比例关系。

2. 管理成本

企业保留现金，对现金进行管理，会发生一定的管理费用，如管理人员工资及必要的安全措施费用等。这部分费用具有固定成本的性质，它在一定范围内与现金持有量的多少关系不大，是决策无关成本。

3. 转换成本

转换成本是指企业用现金购买有价证券以及转让有价证券换取现金时付出的交易费用，即现金同有价证券之间相互转换的成本，如委托买卖佣金、委托手续费、证券过户费、实物交割费等。其中委托买卖佣金和委托手续费是按照委托成交金额计算的，在证券总额既定的条件下，无论变现次数怎样变动，所需支付的委托成本金额是固定的，因此属于决策无关成本。与证券变现次数密切相关的转换成本便只包括其中的固定性交易费用。固定性转换成本与现金持有量成反比例关系。

4. 短缺成本

现金短缺成本是指在现金持有量不足而又无法及时通过有价证券变现加以补充而给企业造成的损失，包括直接损失和间接损失。例如，丧失购买机会、造成信用损失和得不到折扣的好处等，其中因不能按期支付有关款项而造成信用损失的后果是无法用货币来计量的。现金的短缺成本与现金持有量呈反方向变动关系。

三、最佳现金持有量的确定

现金管理的目的是提高现金的使用效率，这就需要确定出最佳现金持有量。确定最佳现金持有量的方法很多，下面主要介绍成本分析模式、存货模式和随机模式。

（一）成本分析模式

成本分析模式是通过分析持有现金的成本，寻找使持有成本最低的现金持有量的一种方法。企业持有的现金，将会有三种成本。

1. 资金成本

现金作为企业的一项资金占用，是有代价的，这种代价就是它的资金成本。假定某企业的资金成本率为10%，年均持有50万元的现金，则该企业每年现金的资金成本为5万元。企业持有的现金越多，资金成本越大。企业为了保证正常生产经营活动的需要，必须拥有一定的现金，也必须要付出相应的资金成本代价。但如果企业现金拥有量过多，资金成本代价就会过大，这就需要企业慎重权衡。

2. 管理成本

企业拥有现金，就会发生现金的管理费用，如管理人员工资、安全措施费等，这些费用是现金的管理成本。管理成本是一种固定成本，不随企业现金持有量的多少而变动。

3. 短缺成本

现金的短缺成本，是指企业因缺乏必要的现金，不能应付业务开支所需，而使企业蒙受的损失或为此付出的代价。现金的短缺成本随着现金持有量的增加而下降，随着现金持有量的减少而上升。

上述三项成本之和为现金的总成本。使上述三项成本之和，即现金总成本最小的现金持有量，就是最佳现金持有量。最佳现金持有量的具体计算，可以先分别计算出各种方案的资金成本、短缺成本之和，再从中选取出成本之和最低的，相应的现金量就是最佳持有量。

（二）存货模式

存货模式是由美国学者鲍莫于 1952 年提出的，因此又称鲍莫模式（Baumol Model）。该模型假定，企业在期初取得一定量的现金，企业在一定时期内现金流出是均匀发生的。在一定时期后当现金额降至零时，企业就卖出有价证券来补充所需的现金满足下一时期的现金支出。现金和存货具有一定的相似性，存货经济订货模型也可以被用来确定最佳现金持有量。

该模型中，现金余额总成本包括两个方面。

1. 现金持有成本，即持有现金所发生的机会成本，通常用有价证券的利息率来反映。通常包括企业因保留一定的现金余额而增加的管理费用及放弃的投资收益，其中，管理费用具有固定成本的性质，与现金持有量的关系不大；而放弃的投资收益，也就是机会成本，则属于变动成本，与现金持有量同方向变化。因此，总体来说，企业保持的现金数量越大，现金持有成本越高。

2. 现金转换成本，即现金与有价证券转化的固定成本，如发生交易费用、管理费用等。这些费用中，固定性的交易费用与交易的次数密切相关，因此，在现金需求量一定的情况下，每次现金持有量越少，变现次数越多，转换成本就越大；反之，每次现金持有量越多，变现次数越少，转换成本就越小。可见，现金转换成本与交易的次数成正比，而与现金持有量成反比。

通过分析可以看出，企业保留的现金的余额越大，则现金的持有成本越高，但是现金的转化成本会相对较小；反之，企业保留的现金余额越小，则现金的持有成本越低，但是现金的转化成本会变大。所要制定的最佳现金持有量就是上述两种成本之和最低时的现金持有量。

（三）随机模式

随机模式又称米勒 - 奥尔模式，它是由美国经济学家 Merton Miller 和 Deniel Orr 首先提出来的。该模型适用于在现金需求量难以预知的情况下进行现金持有量的控制。

该方法要求企业根据自身特点测算出一个企业现金持有量的控制范围，即现金持有的上限和下限。当现金持有量在该控制范围之内时，企业不需要对现金持有量进行控制；如果现金持有量超过了上限，企业则需要买入有价证券，降低现金持有量；如果现金持有量低于下限，则要求企业抛售持有的有价证券以保证企业对现金的需求。

该方法的关键在于确定一条最优现金返回线，当企业的现金持有量一旦超越了上限或下限时，企业需要通过买入或卖出有价证券，正确调整现金持有量，使现金额达到最优现金返回线。

该模式假设每日现金净流量是一个随机变量，且在一定时期内近似地服从正态分布，每日现金净流量可能等于期望值，也可能高于或低于期望值。

与存货模式相比，随机模式也依赖于交易成本和机会成本，且每次转换交易成本被认为是固定的，而每期持有现金的机会成本则是有价证券的日利息率，但是随机模式每期的交易次数是一个随机变量，其根据每期现金流入与流出量的不同而发生变化。因此，每期的交易成本就决定于各期有价证券的期望交易次数。同理，持有现金的机会成本就是关于每期期望现金额的函数。

四、现金的日常管理

现金日常管理的目的在于提高现金的使用效率。为达到这一目的，不仅要从总体上对现金进行有效的控制与管理，还要进一步加强现金的回收和支出的日常管理。

（一）现金的总体管理

1. 遵守对现金使用和管理的规定

国家相关部门对现金使用和管理有以下规定:(1)明确现钞的使用范围:支付职工工资、津贴；根据国家规定颁发给个人的科学技术、文化艺术、体育等各种奖金；支付各种劳保、福利费用以及国家规定的对个人的其他支出；向个人收购农副产品和其他物资的价款；出差人员必须随身携带的差旅费；结算起点（1000元）以下的零星支出；中国人民银行确定的需要支付现金的其他支出。(2)规定库存现金限额。企业库存现金由其开户银行根据企业的实际需要核定限额，一般以 3 ~ 5 天的零星开支额为限。(3)不得坐支现金。即企业不得从本单位的人民币现钞收入中直接支付交易款。现钞收入应于当日终了送存开户银行。(4)不得出租、出借银行账户。(5)不得签发空头支票和远期支票。(6)不得套取银行信用。(7)不得保存账外公款，包括将公款以个人名义存入银行和保存账外现钞等各种形式的账外公款。

2. 加强对现金收支的内部控制

既然现金的风险隐患较大，就应该加强其内部控制。主要应做好以下几个方面的工作：（1）现金收支与记账岗位分离。（2）现金收入、支出要有合理、合法的凭证。（3）全部收支要及时、准确地入账，并且支出要有核准手续。（4）控制现金坐支，当日收入现金及时送存银行。（5）按月盘点现金，编制银行存款余额调节表，以做到账实相符。（6）加强对现金收支业务的内部审计。

3. 力争现金流量同步

如果企业能尽量使它的现金流入与现金流出发生的时间趋于一致，就可以使其所持有的交易性现金余额降到最低水平，从而达到降低整个企业现金持有量、提高经营效益的目的。这应是每个企业努力实现的理想化现金管理状态。

（二）现金回收管理

企业在日常的生产经营活动中，应及时回收应收账款，使企业支付能力增强。为了加速现金的回收，就必须尽可能缩短应收账款的平均收现期。企业在制定销售政策和赊销政策时，要权衡增加应收账款投资和延长收账期乃至发生坏账的利弊，采取合理的现金折扣政策；采用适当的信用标准、信用条件、信用额度，建立销售回款责任制，制定合理的信用政策；另一方面是加速收款与票据交换，尽量避免由于票据传递而延误收取货款的时间。具体可采用以下方法。

1. 邮政信箱法

邮政信箱法又称锁箱法，是西方企业加速现金流转的一种常用方法。企业可以在客户分布地区的邮局设置加锁信箱，让客户将支票汇至当地的这种信箱，然后由当地指定的银行每天数次收取信箱中的支票并存入特别的活期账户。由银行将这些支票在当地交换后以电汇方式存入该企业的银行账户。这种方法的优点是不但缩短了票据邮寄时间，还免除了公司办理收账、货款存入银行等手续，因而缩短了票据邮寄在企业的停留时间。但采用这种方法成本较高，因为被授权开启邮箱的当地银行除了要求扣除相应的补偿性余额外，还要收取额外服务的劳务费，导致现金成本增加。所以，是否采用邮政信箱法，需视提前回笼现金产生的收益与增加的成本的大小而定。

2. 银行业务集中法

银行业务集中法即在客户较为集中的若干地区分设"收款中心"，并指定一个收款中心的开户银行（通常是企业总部所在地）为"集中银行"。各收款中心的客户在收到付款通知后，就近将货款交至收款中心；收款中心每天将收到的款项存入指定的当地银行；当地银行在进行票据交换后立即转给企业总部所在银行。这种方法可以缩短客户邮寄票据所需的时间和票据托收所需时间，但是采用这种方法须设立多个收账中心，从而增加了相应的费用支出。因此，企业应在权衡利弊得失的基础上，做出是否采用银行业务集中法的决策。

除上述方法外，还可以采取电汇、大额款项专人处理、企业内部往来多边结算，集中轧抵、减少不必要的银行账户等方法加快现金回收。

（三）现金支出的管理

1. 使用现金浮游量。现金浮游量是指企业存款账户上存款余额和银行账簿上企业存款账户余额之间的差额，也就是企业和银行之间的未达账项。充分利用浮游量是西方企业广泛采用的一种提高现金利用效率、节约现金支出总量的有效手段。可从收款方和付款方两个角度加强浮游量的管理。

收款方：（1）设立多个收款中心来代替设在总部的单一收款中心；（2）承租邮政信箱并授权当地开户行每天数次收取信箱内汇款，存入企业账户；（3）对于金额较大的货款可直接派人前往收取并及时送存银行；（4）对企业内部各部门间的现金往来要严加控制，防止现金滞留；（5）保证支票即时处理并当日送银行；（6）将支付渠道通知付款方。

付款方：付款方在处理浮游量中处于优势地位，应在短期效益和长期信誉之间做出权衡，确定合理的浮游量。（1）加速收款。主要指缩短应收账款的时间。发生应收账会增加企业资金的占用，但它又是必要的，因为它可以扩大销售规模，增加销售收入。问题是如何在吸引顾客和缩短收款时间之间找出平衡点，这需要制定出合理的信用政策和妥善的收账策略。（2）推迟应付款的支付。企业在不影响自己信誉的前提下，尽可能地推迟应付款的支付期，充分运用供货方所提供的信用期限。（3）确定最佳现金持有量。现金的管理除了做好上述日常收支控制、预测等管理外，还需控制好现金持有规模，即确定适当的现金持有量，以从实质上实现企业现金管理的目标，即在资产的流动性和盈利能力之间做出抉择，以获取最大的长期利润。

2. 控制现金支出，推迟应付款的支付。企业应在不影响本身信誉的前提下，尽可能地推迟应付款的支付期，充分运用供货方提供的信用优惠。如果货币资金很紧，也可以放弃供货方的折扣优惠，在信用期的最后一天支付货款，推迟应付款的支付；当然，这要权衡折扣优惠与急需现金之间的利弊得失而定。或者利用汇票付款，充分利用汇票的付款期间来延缓货币的支付。

第三节　应收账款管理

一、应收款项的概述

应收款项是指企业因对外销售产品、材料、供应劳务及其他原因，应向购货单位或接受劳务的单位及其他单位收取的款项，包括应收销货款、其他应付款、应收票据等。

（一）应收款项产生的原因

1. 市场竞争

市场竞争迫使企业以各种手段扩大销售。企业除了依靠产品质量、价格、服务等促销外，赊销也是扩大销售的重要手段。对于同等质量的产品，相同的价格，一样的售后服务，实行赊销产品的销售额将大于现金销售的产品销售额。实行赊销，无疑给客户购买产品带来了更多的机会；实行赊销，相当于给客户一笔无息或低息贷款，所以对客户的吸引力极大。正因为如此，许多企业都广泛采取赊销方式进行产品销售，而同时应收款项应运而生。市场竞争是应收款项产生的根本原因，应收款项又反过来加剧了市场竞争。

2. 销售与收款的时间差

销售时间与应收时间常常不一致，因为货款结算需要时间。结算手段越是落后，结算需要的时间越长，应收款项收回所需的时间就越长，销售企业垫支的资金占用期限就越长，这是本质意义上的应收款项。本节所要研究的作为竞争手段的，属于商业信用的应收款项。

（二）应收账款的成本

企业为了促销而形成应收款项，运用这种商业信用是要付出代价的，即形成应收款项的成本。这种代价表现在以下方面。

1. 坏账损失成本。应收款项收不回来而造成的损失就是应收款项的坏账损失成本。这项成本一般与应收款项发生的数量成正比。

2. 机会成本。机会成本指企业的资金由于投放应收款项而丧失的其他投资收益。这种成本一般按有价证券的利率确定。

3. 管理成本。管理成本指管理应收款项而付出的费用。包括客户信用情况调查所需的费用、收集客户各种信息的费用、账簿的记录费用、收账费用等。

（三）应收款项管理的目的

通过对企业应收账款产生的原因和有关成本的分析，我们可以得出，企业提供商业信用，一方面可以扩大销售、增加利润；另一方面也会发生成本费用，如垫支成本、坏账损失等。因此，应收款项管理的目的就是要在应收款项信用政策放宽所增加的销售利润与所增加的成本之间进行权衡，确定适当的信用政策，提高企业的经济效益。

二、应收款项的管理政策

应收款项的管理政策又称为信用政策，是企业对应收款项进行规划和控制的一些原则性规定，它主要包括信用标准、信用条件和收账政策三部分。

（一）信用标准

所谓信用标准是指企业提供信用时要求客户达到的最低信用水平。如果客户达不到企业的信用标准，便不能享受企业提供的商业信用。为了有效地控制应收款项，通常采用的评估方法有：

1. 信用的"5C"分析

所谓信用的"5C"，是指品行（Character）、能力（Capacity）、资本（Capital）、担保品（Collateral）和条件（Condition）。

（1）品行（Character）。品行即客户履行偿还其债务的可能性。这是衡量客户是否信守契约的重要标准，也是企业决定是否赊销给客户产品的首要条件。

（2）能力（Capacity）。能力即考察客户按期付款的能力，主要通过了解企业的经营手段、偿债记录和获利情况等做出判断，或进行实地考察。

（3）资本（Capital）。资本即通过分析客户的资产负债比率、流动比率等了解其财务状况，分析客户的资产、负债、所有者权益情况。

（4）担保品（Collateral）。担保品即客户为获得信用所能提供担保的资产，这是企业提供给客户信誉的可靠保证。

（5）条件（Condition）。条件即可以影响到客户偿债的一般经济趋势和某些地区或经济领域的特殊因素。

以上五个方面的资料，可由以下途径取得：

1）公司以往与客户交易的经验；

2）客户与其他债权人交往的情报；

3）企业间的证明，即由其他有声望的客户证明某客户的信用品质；

4）银行的证明；

5）诚信调查机构所提供的客户信用品质及其信用等级的资料；

6）客户的财务报表。

2. 信用评分法

所谓信用评分法是根据有关指标和情况计算出客户的信用分数，然后与既定的标准比较，确定其信用等级的方法。

对客户信用进行评分的指标体系主要包括流动比率、速动比率、销售利润率、负债比率、应收账款周转率等指标。此外，还要考虑其赊购支付历史及企业未来预计等情况。在进行信用评定时，要先将上述各因素打分，然后再乘上一个权数（按重要性而定）确定其信用分数。计算公式为

$$某客户信用分数 = \sum（某项指标或情况指数 \times 权数）$$

在采用信用评分法时，企业应先确定一个最低信用分数，若某客户信用分数低于该分数，则不给予信用。分数越高，则表明信用品质越好，信用等级越高。通常分数在80分

以上者，表明其信用状况良好；分数在 60 ~ 80 分者，表明其信用状况一般；分数在 60 分以下者则信用情况较差。

（二）信用条件

信用条件指企业要求客户支付赊销款项的条件，包括信用期限、折扣期限和现金折扣。

1. 信用期限

信用期限是指企业给予客户的最长付款时间。一般来说，企业给予客户信用期限越长，所能增加的销售额也越多，但同时企业在应收款项上的投资也越大，出现坏账损失的可能性也越大。所以企业应当在延长信用期产生的收益与成本之间做出比较，从而确定最佳信用期限。

2. 折扣期限

折扣期限是指为客户规定的可享受现金折扣的付款时间。

3. 现金折扣

现金折扣是指企业对客户在商业价格上所做的扣减。向客户提供这种价格上的优惠，主要目的是在于吸引客户为享受优惠而提前付款，缩短企业的平均收款期。另外，现金折扣也能招揽一些视折扣为减价出售的客户前来购买，企业借此扩大销售。企业在对是否提供现金折扣做出决策时应该充分考虑现金折扣所带来的收益和成本的增加额，若前者大于后者，则企业就应该提供折扣；否则企业应维持原来的价格，不予提供现金折扣。

（三）收账政策

收账政策是指当信用条件被违反时，企业应采取的收账策略。若企业采取积极的收账政策，就会增加企业应收款项的投资；反之，企业就会增加应收款项的收账费用。一般企业为了扩大产品的销售量，增强竞争能力，往往在客户的逾期未付款项规定一个允许拖欠的期限，超过规定的期限，企业就将进行各种形式的催还。如果企业制定的收款政策过宽，会导致逾期未付款的客户拖延时间更长，对企业不利；收款政策过严，催款过急，又可能伤害无意拖欠的客户，影响企业未来的销售和利润。因此，企业在制定收款政策时必须十分谨慎，掌握好宽严程度。

企业对不同的过期账款应采取不同的收款方式。企业对账款过期较短的客户，应不给予过多地打扰，以免将来失去这一市场；对过期稍长的客户，可措辞婉转地写信催款；对过期很长的客户，频繁地信件催款并电话催询；对过期很长的客户，可在催款过程中措辞严厉，必要时提请有关部门仲裁或提请诉讼等。

催款要发生费用，某些催款方式的费用，如诉讼费还会很高。一般来说，收账的费用越大，收账措施越有力，可收回的账款就越大，坏账损失也就越小。因此制定收账政策，应在收账费用和所减少的坏账损失之间做出权衡。如果增加的收账费用高于减少的坏账损失，说明此收账措施是不合适的；如果增加的收账费用低于减少的坏账损失，可继续催款。

这时若有不同的收账方案可供选择的话，可根据应收账款总成本进行比较选择，制定有效、得当的收账政策。

三、应收款项的日常管理

应收款项的日常管理与控制主要采取以下措施。

（一）加强对客户偿还能力与信用状况的调查研究和分析

收集和整理反映客户信用状况的有关资料，掌握客户的财务状况和盈利状况，了解客户的信用状况；根据信用调查得到的有关资料，运用特定方法，对客户的信用状况进行分析和评价，确定各客户的信用等级；制定给予客户相应的信用条件，确定给予客户的信用期限、现金折扣、折扣期限和信用额度（企业允许客户赊购货物的最高限额）。

（二）做好应收账款的日常核算工作

企业应在总分类中能够设置"应收账款""其他应收款""坏账损失"等账户，汇总记载企业所有销售产品给客户的账款增减变动情况；同时，另设"应收账款明细分类账"，分别详细地记载各销售产品给客户的账款增减数额，以全面反映客户所赊欠账款多少变动状况，以便及时催款。

（三）加强应收账款监督

企业已经发生的应收账款时间有长有短，有的尚未超过信用期限，已经超过信用期限的时间长短也不一样。一般来说，拖欠的时间越长，收回欠款的可能性越小，形成坏账的可能性越大，因此，企业必须采取一定的管理方法，对应收账款的收回情况进行监督，加速应收账款的收回。常用的方法有账龄分析法和应收账款收现保证率分析法。

1.账龄分析法

账龄分析法就是将所有赊销客户的应收账款的实际归还期编制成表，汇总反映其信用分类、账龄、比重、损失金额和百分比情况。账龄分析表是一张能显示应收账款在外天数（账龄）长短的报告。

利用账龄分析表，企业可以了解到以下情况：

（1）有多少欠款尚在信用期内。

（2）有多少欠款超过了信用期，超过时间长短的款项各占多少，有多少欠款会因拖欠时间太久而可能成为坏账。

通过应收账款账龄分析，不仅能提示财务管理人员应把过期款项视为工作重点，而且有助于促进企业进一步研究和制定新的信用政策。

2.应收账款收现保证率分析法

由于企业当期现金支付需要量与当期应收账款收现额之间存在着非对称性矛盾，并呈现出预付性与滞后性的差异特征（如企业必须用现金支付与赊销收入有关的增值税和所得税，弥补应收账款资金占用等），因此这就决定了企业必须对应收账款收现水平制定一必要的控制标准，即应收账款收现保证率。

应收账款收现保证率是为适应企业现金收支匹配关系的需要，所确定出的有效收现的账款应占全部应收账款的百分比，是二者应当保持的最低比例。公式为：

$$应收账款收现保证率=\frac{当期必要现金支付总额-当期其他稳定可靠的现金流入总额}{当期应收账款总计金额}$$

式中的其他稳定可靠现金流入总额是指从应放账款收现以外的途径可以取得的各种稳定可靠的现金流入数额。包括短期有价证券变现净额、可随时取得的银行贷款额等。

应收账款收现保证率指标反映了企业既定会计期间预期现金支付数量扣除各种可靠、稳定性来源后的差额，必须通过应收账款有效收现予以弥补的最低保证程度，其意义在于：应收款项未来是否可能发生坏账损失对企业并非最为重要，更为关键的是实际收现的账项能否满足同期必需的现金支付要求，特别是满足具有刚性约束的纳税债务及偿付不得展期或调换的到期债务的需要。

企业应定期计算应收账款实际收现率，看其是否达到了既定的控制标准。如果发现实际收现率低于应收账款收现保证率，应查明原因采取相应措施，确保企业有足够的现金满足同期必需的现金支付要求。

第四节　存货管理

一、存货概述

存货是指企业在生产经营过程中为销售或者耗用而储备的各种资产。工业企业的存货包括原料、辅助材料、燃料、包装物、低值易耗品、在产品、自制半成品、外购商品、产成品等。商业企业的存货包括商品和非商品物资。

1. 存货的特点

存货是企业流动资产的重要组成部分，是随着企业生产经营过程的连续进行而循环周转的，它具有以下特点：

（1）流动性。存货作为流动资产分别表现为原材料存货、在产品存货、产成品存货等各种不同的占有形态。它既是依次不断地从一个阶段过渡到另一个阶段，又是同时在空间上并列地处在循环的各个不同阶段上，存货的流动性很强。

（2）周转期较短。存货的周转期短，通常是在一年内或者在超过一年的一个营业周期内，在生产和销售中耗用，其价值在销售后一次收回。存货的周转期在一年或超过一年的一个营业周期内。

2. 存货管理的目标

存货管理的目标就是以最少资金占用和最低的存货成本来保证企业生产经营的正常进行，实现企业经营管理的目标，获得最大经济效益。

二、存货成本

企业为销售和耗用而储存的一定数量的存货，必然会发生一定的成本支出，与存货管理有关的成本如下：

（一）取得成本

取得成本指取得某种存货而支出的成本，这由订货成本和购置成本组成。我们用 TCa 表示。

1. 订货成本

订货成本指取得订单的成本，如办公费、差旅费、邮资电报电话等支出。订货成本中有一部分与订货次数无关，如常设采购机构的基本支出等，这些我们称为订货的固定成本；另一部分与订货次数有关，如差旅费、邮资等，这些我们称为订货的变动成本。我们用 F_1 表示订货的固定成本，K（一次的订货成本）表示每次的变动成本，D 表示存货年需要量，Q 表示每次进货批量，则订货成本为：

$$订货成本 = D/Q \cdot K + F_1$$

2. 购置成本

购置成本指存货本身的价值，经常用数量与单价的乘积来确定。我们用 D 表示年需要量，用 U 表示单价，则购置成本为 DU。

存货的取得成本等于订货成本加上购置成本，表示为：

取得成本 = 订货成本 + 购置成本 = 订货固定成本 + 订货变动成本 + 购置成本

$$TC_a = F_1 + D/Q \cdot K + DU$$

（二）储存成本

储存成本指生产领用或出售之前储存物资而发生的各项成本费用，包括仓储费用、存储中的损耗、库存物资的财产保险费以及库存存货占用资金应支付的利息费用等。库存存货占用的资金应支付的利息费用应计入存货储存成本中，因为企业用现有现金购买存货，便失去了现金存放银行或投资于证券本应取得的利息，是为"放弃利息"而付出代价；企业借款购买存货，便要支付利息费用，也是"为付出"而付出代价，这两种代价都要计入存货成本中。我们用 TC_c 表示储存成本，单位储存成本用 K_c 表示。

$$储存成本 = 储存固定成本 + 储存变动成本$$

$$TC_e=F_2+K_e \cdot Q/2$$

（三）缺货成本

缺货成本指由于存货供应中断而造成的损失，包括材料供应中断而造成的停工损失、产成品库存缺货造成的拖欠发货损失和丧失销售机会的损失、企业商誉的损失；如果生产企业以紧急采购代用材料解决库存材料中断之急，那么缺货成本表现为紧急额外购入成本，这时的紧急额外购入成本会大于正常采购成本。我们用 TC_s 表示。

存货的总成本是取得成本、储存成本、缺货成本三者之和。企业存货的最优化，就是使存货总成本最小化。我们用 TC 表示存货的总成本。则：

$$TC=TC_a+TC_e+TC_s=F_1+D/Q \cdot K+DU+F_2+K_c \cdot Q/2+TC_s$$

三、存货管理决策

按照存货管理的目的，需要制定合理的进货批量和进货时间，使存货的总成本最低。这个批量就是经济订货量或经济批量。有了经济订货量，就可以很容易得出最适宜的进货时间。

影响存货总成本的因素很多，为了解决比较复杂的问题，有必要简化或舍弃一些变量，先研究解决简单的问题，然后再扩展到复杂的问题。这需要设立一些假设，在此基础上建立经济订货量的基本模型。

经济订货量基本模型：

经济订货量基本模型需要设立的假设条件是：

1. 企业能够及时补充存货，即需要订货时便可立即取得存货；

2. 能集中到货，而不是陆续入库；

3. 不允许缺货，即无缺货成本，TC_s 为零，这是因为良好的存货管理本来就不应该出现缺货成本；

4. 需要量确定且能确定，即 D 为已知常量；

5. 存货单价不变，不考虑现金折扣，即 U 为已知常量；

6. 企业现金充足，不会因现金短缺而影响进货；

7. 所需存货市场供应充足，不会因买不到需要的存货而影响其他。设立了上述假设后，存货总成本的公式可以简化为：

$$TC=F_1+D/Q \cdot K+F_2+K_e \cdot Q/2$$

其中，F_1、D、K、F_2、K_e 为常量；TC 与 Q 为变量，现求使存货总成本为最小时的经济批量 Q，对变量 Q 微分，公式为零，从而求得：

$$Q = \sqrt{\frac{2KD}{K_e}}$$

第五节　短期融资的管理

一、短期融资的概念和特征

1. 短期融资的概念

短期融资又称流动负债，是指需要在 1 年或者超过 1 年的一个营业周期内偿还的债务。短期融资属于企业风险最大的融资方式，但也是资金成本最低的融资方式。短期债务融资由于其具有可转换性、灵活性和多样性，以及成本低、偿还期短等特点，因此必须对其进行认真管理。通常采用的短期融资方式有：银行短期借款、短期融资券、商业信用、应交税金、应付利润、应付工资、应付账款、应付票据、预收货款、票据贴现等。

2. 短期融资的特征

（1）短期融资的周转期短。短期融资主要是为解决企业流动资金的需要，由于企业占用在流动资产上的资金，周转一次所需时间较短，通常会在 1 年或 1 个营业周期内收回，因此，短期融资具有周转周期短的特征。

（2）短期融资中的大部分具有相对稳定性。在一个正常的生产经营企业中，短期负债中的大部分具有经常占用性和一定的稳定性。例如，生产企业中的最低原材料的储备、在产品储备和商业企业的商品最低库存等占用的资金，虽然采用短期融资方式筹集资金，但一般都是短期资金长期占用，一笔短期资金不断循环使用。因此，短期融资中的大部分具有相对稳定的特征。

（3）短期融资的财务风险较高。短期融资的到期日近，容易出现不能按时偿还本金的风险；短期负债尤其是银行短期借款在利息成本方面也有较大的不确定性。因为利用短期借款筹集资金，必须不断更新债务，而此次借款到期后，下次借款利息的高低是不确定的。金融市场上短期负债的利息率有时会在短期内有较大的波动。

（4）短期融资的资金成本较低。企业的短期融资不必承担长期负债的期限性风险，因为企业的长期负债在债务期间内，即使没有资金需求，也不易提前归还，只好继续支付利息。而如果使用短期负债，当生产经营紧缩，企业资金需求减少时，企业可以逐渐偿还债务，这样就可以减少利息支出，或在对方提供的折扣期内偿还应付账款，取得折扣优惠等，从而降低资金成本。

二、短期融资的分类

1. 按照应付金额确定与否

以应付金额是否确定为标准，可把短期融资分为应付金额确定的短期融资和应付金额不确定的短期融资。

（1）应付金额确定的短期融资，主要是指根据合同或法律的规定，到期必须偿还，并有确定金额的流动负债。如短期借款、应付账款、应付票据、应付短期融资券等。

（2）应付金额不确定的短期融资，主要是指根据企业生产经营状况，到一定时期才能确定的流动负债以及应付金额需要估计的流动负债。如应缴税金、应付利润等。

2. 按照短期融资的来源不同

以短期融资的来源为标准，可把短期融资分为自然形成的短期融资和人为的短期融资。

（1）自然形成的短期融资是指不需进行正式安排，由于企业经营中正常的结算程序等原因而自然形成的那部分短期资金来源。在企业生产经营过程中，由于法定结算程序等原因，使一部分应付款项的支付时间晚于形成时间，这部分已形成但尚未支付的款项就成为企业短期的资金来源，这一资金来源无须进行正式安排，而是自然形成的。如应付账款、应付票据等。

（2）人为的短期融资是指企业的财务管理人员根据企业生产经营中对短期资金的需求情况，通过人为安排所形成的短期资金来源。如银行短期借款、应付短期融资券等。由于企业用以进行短期融资的方式比较多，本节只介绍银行短期借款、商业信用和短期融资券三种主要方式。

三、银行短期借款

银行短期借款是指企业为解决短期资金需求，根据借款合同从有关银行或非银行金融机构申请借入的需要还本付息的款项。银行短期借款的还款期限一般为 1 年以内（含 1 年），它是企业筹集短期资金的重要方式。

（一）银行短期借款的种类

1. 按借款是否需要担保，银行短期借款可以分为信用借款、担保借款和票据贴现。

（1）信用借款。信用借款又称无担保借款，是指没用保证人做保证或没有财产作抵押，仅凭借款人的信用而取得的借款。这种借款又分为两类。

1）信用额度借款。信用额度是商业银行与企业之间商定的在未来一段时间内银行能向企业提供无担保贷款的最高限额。信用额度一般是在银行对企业信用状况详细调查后确定。信用额度一般要做出如下规定：

第一，信用额度的期限。一般 1 年建立一次，更短期的也有。

第二，信用额度的数量。它规定银行能贷款给企业的最高限额。如果信用额度的数量是 1500 万元，而企业已从银行借入尚未归还的金额已达 1000 万元，那么，企业最多还能借 500 万元。

第三，应支付的利率和其他一些条款。

2）循环协议借款。循环协议借款是一种特殊的信用额度借款，在此借款协议下，企业和银行之间也要协商确定贷款的最高限额，在最高限额内，企业可以借款、还款、再借款、再还款，不停地周转使用。

信用额度借款与循环借款协议的主要区别在于：

第一，二者的持续时间不同。信用额度的有效期一般为 1 年，而循环贷款可超过 1 年。在实际应用中，很多的循环借款协议是无期限的，只要企业和银行之间遵照协议进行，贷款可不断重复进行。

第二，二者的法律约束力不同。信用额度这一方式一般不具有法律约束力，不构成银行对企业的必需的贷款责任，而循环贷款协议具有法律约束力，银行要承担限额内的贷款义务。

第三，二者的费用支付不同。企业采用循环协议借款，除支付利息外，还要支付协议费。协议费是对循环贷款限额中未使用的部分收取的费用，银行也正因为收取协议费，才构成了对企业提供资金的法定义务。在信用额度借款的情况下，一般无须支付协议费。

（2）担保借款。担保借款是指有一定的保证人做保证或利用一定的财产作抵押或质押而取得的借款。这种借款又分为三类。

1）保证借款。保证借款是指按《中华人民共和国担保法》规定的保证方式以第三人承诺在借款人不能偿还借款时，按约定承担一般保证责任或连带责任而取得的借款。

2）抵押借款。抵押借款是指按《中华人民共和国担保法》规定的抵押方式以借款人或第三人的财产作为抵押物而取得的借款。

3）质押借款。质押借款是指按《中华人民共和国担保法》规定的质押方式以借款人或第三人的动产或权利作为质押物而取得的借款。

（3）票据贴现。票据贴现是指商业票据的持有人把未到期的商业票据转让给银行，贴付一定利息以取得银行资金的一种借贷行为。银行通过贴现把款项贷给销货企业，并于票据到期时向购货企业收款。

2.按短期借款参与资金周转时间的长短和具体用途，银行短期借款可分为流动基金借款、生产周转借款、临时借款和结算借款。

（1）流动基金借款。流动基金借款是企业在核定流动资金计划占用额的基础上，由于自有流动资金未达到规定的比例而向银行申请的借款。这种借款具有短期周转长期占用的特点。企业申请流动基金借款的数额取决于上年定额流动资金平均占用额和自有流动资金的数额，可按下列公式计算：

流动基金借款额＝上年定额流动资金平均占用额 × 规定的自有流动资金比率－自有流动资金

（2）生产周转借款。生产周转借款是企业为满足生产周转的需要，在确定的流动资金计划占用范围内，弥补自有流动资金和流动基金借款不足部分而向银行取得的借款。通常以核定的流动资金定额，扣除企业自有流动资金、流动基金借款和视同自有流动资金（定额负债）后的不足部分，为生产周转借款的数额。

（3）临时借款。临时借款是企业在生产经营过程中由于临时性或季节性原因形成超定额物资储备，为解决流动资金周转困难而向银行申请取得的借款。

（4）结算借款。结算借款是企业采用托收承付结算方式向异地发出商品，在委托银行收款期间为解决在途结算资金占用的需要，以托收承付结算凭证为保证向银行取得的借款。

（二）银行短期借款的程序

1. 企业提出借款申请

在企业需要向银行借入短期借款时，应当向主办银行或其他银行的经办机构提出申请，填写包括借款金额、借款用途、偿还能力以及还款方式等主要内容的《借款申请书》，并提供以下资料：借款人及保证人的基本情况；财政部门或会计师事务所核准的企业上年度财务报告；抵押物清单及同意抵押的证明；保证人拟同意保证的有关证明文件；贷款银行认为需要提交的其他资料。

2. 银行对申请借款企业进行调查

银行在受理了借款人的申请后，要对借款人的信用及借款的合法性、安全性和营利性等情况进行调查，核实抵押物、保证人的情况，测定贷款的风险。

3. 贷款的审查批准

贷款银行一般都建立了审贷分离、分级审批的贷款管理制度。一般审查的内容包括以下几方面：审查借款的用途和原因，做出是否贷款的决策；审查企业的产品销售和物资保证情况，决定贷款的数额；审查企业的资金周转和物资耗用状况，确定贷款的期限。

4. 签订借款合同

为维护借贷双方的合法权益，保证资金的合理使用，企业向银行借入资金时，双方要签订借款合同。合同主要包括如下几方面内容：（1）基本条款。这是借款合同的基本内容，主要强调双方的权利和义务。具体包括：借款数额、借款方式、放款时间、还款期限、还款方式、利息支付方式、利息率等。（2）保证条款。这是保证款项能顺利归还的一系列条款。包括借款按规定的用途使用、有关的物资保证、抵押财产、担保人及其责任等内容。（3）违约条款。这是对双方若有违约现象时应如何处理的条款。主要载明对企业逾期不还或挪用贷款等如何处理和银行不按期发放贷款的处理等内容。（4）其他附属条款。这是与借贷双方有关的其他一系列条款，如双方经办人、合同生效日期等条款。

5. 企业取得借款

双方签订借款合同后，贷款银行要按合同的规定按期发放贷款，企业便可取得相应的资金。贷款银行不按合同约定发放贷款的，应偿付违约金。借款企业不按合同约定用款的，也应偿付违约金。

6. 短期借款的归还

企业应按借款合同的规定按时足额归还借款本息。一般而言，贷款银行会在短期贷款到期前1个星期，向借款企业发送还本付息通知单。企业在接到还本付息通知单后，要及时筹备资金，按期还本付息。

如果企业不能按期归还借款，应在借款到期之前向银行申请贷款展期，但能否展期，由贷款银行视具体情况决定。贷款银行对不能按借款合同约定期限归还的贷款，可以按规定加罚利息；对不能归还或者不能落实还本付息事宜的，应督促归还或者依法起诉。

企业提前归还贷款，应当与贷款银行协商。

（三）银行短期借款的优缺点

1. 银行短期借款的优点

（1）借款所需时间较短，可以迅速获取资金。

（2）银行资金充足，实力雄厚，能随时为企业提供比较多的短期借款。对于季节性和临时性的资金需求，采用银行短期借款尤为方便。而对于规模大、信誉好的大企业，更可以比较低的利率借入资金。

（3）银行短期借款的弹性好。企业可以与银行直接商谈借款的时间、数量和利息率等条款。在借款期间，如果企业情况发生了变化，也可与银行进行协商，修改借款的数量和条件。借款到期后，如有正当理由，还可延期归还。

2. 银行短期借款的缺点

（1）风险大。银行借款都有确定的还款日期和利率规定，在企业经营不利时，可能会产生不能按期偿付的风险，甚至会引起企业的破产。

（2）限制多。企业与银行签订的借款合同中，一般都有一些限制条款。如不准改变借款用途，并要求企业把流动比率、负债比率维持在一定的范围之内等。

（3）资金成本相对较高。银行短期借款的成本要高于商业信用和短期融资券，而抵押借款因需要支付管理和服务费用，成本会更高。

四、商业信用

商业信用，即企业信用，是指工商企业之间在进行商品交易时，以契约（合同）作为预期货币资金支付保证的经济行为，其物质内容是商品的赊购赊销，而其核心却是资本运作，是企业间的直接信用。企业信用是企业在资本运营、资金筹集及商品生产流通中所进行的信用活动。企业信用在商品经济中发挥着润滑生产和流通的作用。

商业信用融资是无须支付利息的，如果运用得好，可以筹到一大笔资金，即所谓的"借人家的鸡生蛋"。在市场经济发达的商业社会，利用商业信用融资已逐渐成为企业筹集短期资金的一个重要方式。

商业信用融资是一种短期筹资行为，超出使用期而不支付欠款要影响企业信用，所以不能滥用。

商业信用融资对资金实力浓厚的大公司容易，对资金实力薄弱的小公司比较难；对有长期供货关系的企业容易，对无长期稳固供货关系的企业比较难。

1. 商业信用的形式

（1）赊购商品，延期付款。赊购商品是一种最典型、最常见的商业信用形式。这种形式下，买卖双方发生商品交易，买方收到商品后不立即支付货款，而是延期到一定时间以后再付款。如开一个工厂，找到原料供应商购进一批原料，但与对方讲好20天后付款，将这批材料制成商品卖出后，以货款去付原料款。

（2）预收货款。在这种形式下，卖方要预先向买方收取货款，但要延期到一定时间以后交货，这相当于卖方向买方先借入一笔资金，是另一种典型的商业信用形式。

通常，对于购买紧俏商品的企业多采用这种先收款再发货的形式，以便顺利获得所需商品。又如提供一项服务，向对方言明要予收50%货款，则可将这笔货款去购买必要的设备、工具、材料，等全部交货，结算余下的50%货款。

此外，对于生产周期长、售价高的商品，如飞机、轮船等，生产企业也经常向订货方分次预收货款，以缓解资金占用过多的矛盾。

（3）商业汇票。商业汇票是指交易双方根据购销合同进行延期付款的商品交易时，开出的反映债权债务关系的票据。根据承兑人的不同，商业汇票可分为银行承兑汇票和商业承兑汇票。

银行承兑汇票是指由收款人或承兑申请人开出，由银行审查同意承兑的商业汇票。商业承兑汇票是指由收款人开出，经付款人承兑，或由付款人开出并承兑的汇票。商业汇票是一种期票，是反映应付账款和应收账款的书面证明。对于买方来说，它是一种短期融资方式。

（4）应收账款质押贷款。应收账款质押贷款是指借款人以应收账款作为质押，向银行申请的授信，是卖方提前回笼货款的一种方式。应收账款只是贷款的担保条件，是业务操作的辅助要素，是对企业良好商业信用的补充与提升。

用于质押的应收账款须满足一定的条件，比如应收账款项下的产品已发出，并由购买方验收合格；购买方（应收账款付款方）资金实力较强，无不良信用记录；付款方确认应收账款的具体金额，并承诺只在买方贷款银行开立的账户付款；应收账款的到期日，早于借款合同规定的还款日等。

应收账款的质押率一般为六至八成，申请企业所需提交的资料一般包括销售合同原件、发货单、收货单、付款方的确认与承诺书等。其他所需资料与一般流动资金贷款相同。

2. 商业信用的条件

信用条件是指销货方对付款时间和现金折扣所做的具体规定，如"3/10、2/20、n/30"，便属于一种信用条件。信用条件主要有以下几种形式。

（1）预付货款。预付货款即买方向卖方提前支付货款。一般有两种情况：一是卖方已知买方的信用欠佳；二是销售生产周期长、售价高的产品。在这种信用条件下，卖方企业可以得到暂时的资金来源，而买方企业则要预先垫付一笔资金。

（2）延期付款，但没有现金折扣。在这种信用条件下，卖方允许买方在交易发生后一定时间内按发票金额支付货款，如"net30"，是指在交易后30天内按发票金额付款。这种条件下的信用期间一般为30～60天，但有些季节性的生产企业可能为其顾客提供更长的信用期间。此种情况下，买卖双方存在商业信用，买方可因延期付款而取得资金来源。

（3）延期付款，但提前付款可享受现金折扣。在这种信用条件下，买方若能提前付款，则卖方可给予一定的现金折扣；若买方不享受现金折扣，则必须在卖方规定的付款期内付清账款。如"3/10、n/30"便属于此种信用条件。其中，30表示信用期为30天，10表示折扣期，3表示在折扣期10天内付款，可享受3%的价格优惠。

采用这种信用交易方式，主要是为了加速应收账款的收现。现金折扣一般为发票金额的1%～5%。此种情况下，买卖双方存在商业信用。买方若在折扣期内付款，除可获得短期资金来源外，还能得到现金折扣；若放弃现金折扣，则可在稍长时间内占用卖方资金。

3. 现金折扣成本的计算

在采用商业信用形式销售产品时，为鼓励买方尽早支付货款，卖方往往都规定一些信用条件，这主要包括现金折扣和付款期间两部分内容。如"3/10、n/30"是指在10天内付款，可享受3%的现金折扣；若不享受现金折扣，则货款应在30天内付清。如果卖方提供现金折扣，买方应尽量争取获得此折扣，因为丧失现金折扣的机会成本是很高的。计算公式如下：

$$K = \frac{CD}{1-CD} \times \frac{360}{N}$$

式中，符号及其含义如下：

K——资金成本；

CD——现金折扣的百分比；

N——失去现金折扣而延期付款的天数。

此例中的资金成本即为：

$$K = \frac{3\%}{1-3\%} \times \frac{360}{20} = 55.67\%$$

4. 商业信用融资的优缺点

（1）商业信用融资的优点

1）商业信用融资非常方便。因为商业信用融资与商品买卖同时进行，属于一种自然形成的融资，所以不需进行人为筹划。

2）如果企业不放弃现金折扣，不使用带息票据，则利用商业信用融资没有实际成本。

3）商业信用融资限制少。如果企业利用银行借款融资，银行往往对贷款的使用规定一些限制条件，而商业信用融资限制较少。

（2）商业信用融资的缺点

商业信用融资的信用时间一般较短，如果企业取得现金折扣，则时间更短；如果放弃现金折扣，则要付出较高的资金成本。而使用商业承兑汇票的付款期限，则最长不超过6个月。

五、短期融资券

短期融资券又称商业票据、短期债券，是由大型工商企业或金融企业所发行的短期无担保本票，是一种新型的短期融资方式。

（一）短期融资券的种类

1. 按照发行方式的不同

按发行方式不同，可将短期融资券分为经纪人代销的融资券和直接销售的融资券。经纪人代销的融资券又称间接销售融资券，它是指由发行公司卖给经纪人，然后再由经纪人卖给投资者的融资券。

直接销售融资券是指发行人直接销售给最终投资者的融资券。直接发行融资券的公司通常为经营金融业务的公司或自己有附属经营金融机构的公司，它们有自己的分支网点，有专门的金融人才，因此，有力量自己组织推销工作，从而节省了间接发行时付给证券公司的手续费。

2. 按照发行人不同

按发行人的不同，可将短期融资券分为金融企业的融资券和非金融企业的融资券。金融企业的融资券是指由各大公司所属的财务公司、各种投资信托公司、银行控股公司等发行的融资券。这类融资券一般采用直接发行方式。

非金融企业的融资券是指那些没有设立财务公司的工商企业所发行的融资券。这类融资券一般采用间接融资方式。

3. 按照融资券的发行和流通范围不同

按融资券的发行和流通范围，可将短期融资券分为国内融资券和国际融资券。国内融资券是指一国发行者在其国内金融市场上发行的融资券。发行这种融资券一般只要遵循本国法规和金融市场惯例即可。

国际融资券是指一国发行者在其本国以外的金融市场上发行的融资券。发行这种融资券，必须遵循有关国家的法律和国际金融市场上的惯例。

（二）短期融资券的发行程序

1. 公司做出决策，采用短期融资券方式筹集资金。

2. 办理短期融资券的信用评级。

3. 向有关审批机关提出发行融资券的申请。

4. 审批机关对企业的申请进行审查和批准。

5. 正式发行融资券，取得资金。

（三）短期融资券的优缺点

1. 短期融资券筹资的优点

（1）筹资成本比较低。在西方，短期融资券的利率加上发行成本，通常要低于银行的同期贷款利率。这是因为利用短期融资券筹集资金时，筹资者与投资者直接往来，绕开了银行，从而节省了一笔原应支付给银行的筹资费用。但目前我国短期融资券的利率一般比银行借款利率高。这主要是因为我国短期融资券市场刚刚建立，还不十分成熟。随着短期融资券市场不断发展和完善，短期融资券的利率会逐渐接近银行贷款利率，直至略低于银行贷款利率。

（2）筹资数额比较大。银行一般不会向企业贷放巨额的短期借款，而发行短期融资券可以筹集更多的资金。对于需要巨额资金的企业，短期融资券这一方式更为适用。

（3）能提高企业的信誉。由于能在货币市场上发行短期融资券的公司都是著名的大公司，因而，一个公司如果能在货币市场上发行自己的短期融资券，说明该公司的信誉很好。

2. 短期融资券筹资的缺点

（1）风险比较大。短期融资券到期必须归还，一般不会有延期的可能。到期不归还，会产生严重后果。

（2）弹性比较小。只有当企业的资金需求达到一定数量时才能使用短期融资券，如果数量较小，则会加大单位资金的筹资成本。另外，短期融资券一般不能提前偿还，即使公司资金比较宽裕，也只能在到期才能还款。

（3）发行条件比较严格。并不是任何公司都能发行短期融资券进行筹资，必须是实力强、信誉好、效益高的企业才能使用，而一些小企业或信誉不太好的企业则不能利用短期融资券来进行筹资。

第六节　营运资金管理策略

营运资金管理策略是企业有关营运资金管理的原则和方法。企业生存与发展在很大程度上取决于营运资金管理策略制定的好坏。只有实施符合企业自身发展要求的营运资金管理策略，企业才能得以生存和发展，企业的目标才能得以实现。

一、营运资金管理策略的主要内容

流动资产是个不确切的概念。从定义上说，流动资产是指现金及预期能在一年或超过一年的一个经营周期内转变为现金或者支用的资源。但随着企业的成长，有许多流动资产项目变得不那么"流动"了。如一个企业总是需要有一定数量的库存支持销售的需要，由于赊销的增长，应收款项也变成长期的了。这些资产项目不是一般意义上的临时性的或短期的，实际上是"永久、长期"流动资产。这样，企业的全部资产可分为三部分：1.临时性（波动性）流动资产，它随着每个销售周期变化而变化，是由于季节性经营活动或其他类似原因所引起的、在一定期间内的流动资产占用的临时性增加；2.永久性（长期性）的流动资产，这些资产随着时间的推移而增加，是现金、有价证券、应收账款存货等在整个年度内占用的最低水平，这部分流动资产占用可以满足企业生产经营活动的最基本需要，其数额相对稳定；3.长期资产，如固定资产等。

由于固定资产占用和永久性流动资产占用具有相对稳定的特征，因此，它们的资金需求通常以长期负债和所有者权益的长期资金来满足，从而保证企业正常的、基本的经营活动的资金需要。对于临时性占用的流动资产所形成的资金需要，其如何满足在很大程度上取决于企业的营运资金策略。一般情况下，可以首先考虑用自然融资、应付账款、应付工资、应付税金等来满足这部分临时性的资金需要，然后再考虑流动负债、长期负债和所有者权益来满足这种临时性的资金需求。因此，营运资金策略的主要内容：一是确定流动资产各项目的目标水平；二是确定流动资产用何种方法融资。

二、影响营运资金管理策略的因素分析

营运资金管理千头万绪，涉及生产经营的方方面面，如现金管理、信用管理、营销管理、生产管理等。理财人员应努力协调好各方面的关系，认真分析影响营运资金策略的因素，为选择切实可行的营运资金策略打下基础。影响营运资金策略的主要因素有如下几点。

1.销售收入水平及增长趋势

一般地讲，营运资金规模会随着销售额的增长而增长，但两者之间呈非线性关系。随

着销售水平的提高，营运资金将以递减的速度增加，特别是现金和存货，即随着销售水平的提高，现金和存货所占用的资金因时间、数量的不一致而可以相互调剂使用，使占用于流动资产的资金增加速度小于销售额的增长速度。因此，当销售额快速增长时，企业可选择风险较高的营运资金策略，以争取获得较高的收益。

2. 现金流入、流出量的不确定性和时间上的非衔接程度

在市场经济条件下，企业的生产经营活动日趋复杂，企业的材料采购、产品销售都广泛地以商业信用为媒介来实现，很难对现金流量进行准确的预测。企业的现金流入与流出量不确定程度越高，企业保持在流动资产上的营运资金就越多，现金流入和流出在时间上的协调程度就越差。因此，企业应保持较大的营运资金规模，以备偿付当期的到期债务。而如果企业现金流入量、流出量的确定性程度越高，并且在时间上保持衔接一致，就可选择激进的营运资金策略。

3. 理财人员对待风险的态度和对收益的预期

这里的风险是指企业陷入无力偿付到期债务而导致的技术性无力清偿的可能性。如果企业敢冒风险，则宜采用低的流动资产比率或较高的流动负债比率；反之，则采用较高的流动资产比率或较低的流动负债比率。

风险与收益的权衡是确定营运资金策略的基本前提。一个崇尚稳健的企业通常会选择低风险、低收益的营运资金策略，而一个崇尚冒险的企业则会选择高风险、高收益的营运资金策略。由于理财人员普遍是担心风险的，又预期能获得比较理想的收益能力，因此，理想的营运资金策略应恰到好处地处于两者之间，适度的风险、适度的收益将是企业确定营运资金策略的基本原则。流动负债策略与流动资产策略有效搭配组合，可以使企业的风险程度与获利水平在一个合理的范围内变动，有利于企业的长远发展。

除此之外，影响企业营运资金策略的因素还有经营杠杆、财务杠杆、企业的行业特点、产品结构等。

三、营运资金管理策略的类型及评价

在企业管理中，企业应根据自身的具体条件选择相应的营运资金管理策略，灵活地运用管理好营运资金。营运资金管理策略的主要类型及其评价如下。

1. 自动清偿策略

自动清偿策略，也称配合策略。在企业全部资产中，短期资金来源满足流动资产中的临时需要部分，长期筹资来源于股本，长期负债则满足流动资产中的长期需要部分和固定资产的资金需要。这一策略较适合于具有季节性变化的企业，即流动资产的临时需要部分同经营活动的季节性紧密相关。只要企业的短期融资计划做得好，实际现金流动与预期的安排相一致，则在季节性低谷时，由于存货减少、应收账款减少而余出的现金将会偿还全

部短期负债。但这一策略的不足是：（1）临时性资金需要可能会超过计划；（2）在季节性淡季，存货、应收账款的减少如果预计失误，将导致更多的永久性流动资产；（3）短期负债的利息成本的未知性，会造成企业税后利润的波动。显然，自动清偿营运资金策略适用于预计误差较小的情况，仅是一种理想融资模式，较难在现实工作中实施。

2. 保守策略

实行这种策略，无论是固定资产还是永久性流动资产或临时性流动资产的资金需求，都通过长期筹资来满足。在资金需求旺季，全部资金需求将由长期筹资来满足；在资金需求淡季，超过资金需求的、暂时闲置的资金将投资于有价证券。

其优点是财务风险低。因为全部资金来源都属于长期，不会导致清算资产以偿还到期债务，同时也没有短期负债利率变动的风险。其缺点有二：一是许多中小型企业没有足够的信用基础在资本市场上筹集全部所需的长期资金，甚至部分大公司也难以做到；二是将导致较高的资金成本。因此，这一政策在实践中很难被普遍采用。

3. 激进策略

这一策略要点是，短期资金不仅用于满足临时性流动资产需要，而且用于满足永久性流动资产需要。其优点是，可通过降低债务资金的成本来提高权益资本报酬率。其缺点是，企业用短期负债方式形成永久性流动资产，企业必须在借款到期日展延期限或重新借款，其中隐含着两种风险：一是借款不能展延或企业借不到新债致使偿债能力丧失；二是利息成本的不确定性会带来企业盈利变动。当货币政策收紧时，利息成本就会偏高，短期负债的低成本优势也就随之消失。

4. 平衡策略

这一策略要求企业保持足够多的净营运资金，运用长期资金来满足永久性流动资产和一部分临时性流动资产的需要。在用资高峰时，可筹集短期资金来满足，但短期资金可能满足不了企业的全部需要。季节性需求降低之后，首先应归还短期债务。随着资金需求量的进一步降低，可以将闲置资金投资于有价证券。这一策略实际上是介于"自动清偿策略"与"保守策略"之间的一种营运资金策略，并吸取了它们各自的优点。

通过对以上四种类型的营运资金策略的评析，可以发现，它们各有利弊，直接得到营运资金管理的最佳策略并非易事，但它们却向理财人员展示了各种可供选择策略的风险与收益共存的特征。

第七章　财务分析

财务分析是根据企业财务报表等信息，采用专门方法，了解一个企业经营业绩和财务状况，并且从会计程序中将会计数据背后的经济含义挖掘出来，为投资者和债权人提供决策基础。由于会计系统只是有选择地反映经济活动，而且它对一项经济活动的确认会有一段时间的滞后，再加上会计准则自身的不完善性，以及管理者有选择会计方法的自由，因而使得财务报告不可避免地会有许多不恰当的地方。虽然审计可以在一定程度上改善这一状况，但审计师并不能绝对保证财务报表的真实性和恰当性，他们的工作只是为报表的使用者做出正确的决策提供一个合理的基础，所以即使是经过审计，并获得无保留意见审计报告的财务报表，也不能完全避免这种不恰当性，这使得财务分析变得尤为重要。本章主要在介绍了财务分析的基础上对财务能力分析以及财务综合分析进行详细阐述。

第一节　财务分析概述

企业财务报告主要是通过分类的方法给企业利益相关者提供各种会计信息，但这种信息综合性较差，不能深入揭示企业各个方面的财务能力，不能反映出企业在一定时期内的发展变化趋势。为了提高会计信息的利用程度，需要采用财务分析的专门方法对这些会计信息进一步加工处理，从而更深入地反映企业的各种财务能力。

财务分析就是采用一系列专门的分析技术和方法，对企业等经济组织过去和现在有关筹资活动、投资活动、经营活动、分配活动的盈利能力、营运能力、偿债能力和增长能力状况等进行分析与评价的经济管理活动。它使企业的投资者、债权人、经营者及其他关心企业的组织或个人了解企业过去、评价企业现状、预测企业未来，做出正确决策，提供准确的信息或依据。简而言之，财务分析就是以企业的财务报告等会计资料为基础，对企业的财务状况、经营成果和现金流量进行分析和评价的一种方法。

一、财务分析的作用

财务分析的作用是对财务报告所提供的会计信息进一步加工和处理，其目的是为会计信息使用者提供更具相关性的会计信息，以提高其决策质量，具体体现在以下几个方面：

1.财务分析是评价财务状况及经营业绩的重要依据。通过财务分析,可以了解企业偿债能力、营运能力、盈利能力和现金流量状况,合理评价经营者的经营业绩,以奖优罚劣,促进管理水平的提高。

2.财务分析是实现理财目标的重要手段,企业理财的根本目标是实现企业价值最大化。通过财务分析,不断挖掘潜力,从各方面揭露矛盾,找出差距,充分认识未被利用的人力、物力资源,寻找利用不当的原因,促进企业经营活动按照企业价值最大化目标运行。

3.财务分析是实施正确投资决策的重要步骤。投资者通过财务分析,可了解企业获利能力、偿债能力,从而进一步预测投资后的收益水平和风险程度,以做出正确的投资决策。

二、财务分析的基本活动

(一)从资产负债表分析企业的基本活动

1.资产负债表基本结构与内容

资产负债表项目对应的企业基本活动如表 7-1 所示。

表 7-1　资产负债表项目对应的企业基本活动

资产负债表项目	企业的基本活动	资产负债表项目	企业的基本活动
资产	投资活动结果 (经营活动占用资源)	负债及所有者权益	筹资活动的结果
现金	投资剩余 (满足经营意外支付)	短期借款	银行信用筹资
应收账款	应收账款投资 (促进销售)	应付账款	商业信用筹资
存货	存货投资 (保证销售或生产连续性)	长期负债	长期负债筹资
长期投资	对外长期投资 (控制子企业经营)	资本	权益筹资
固定资产	对内长期投资 (经营的基本条件)	留存利润	内部筹资

2.资产负债表的作用

(1)资产项目的构成及作用。资产是指企业过去的交易或者事项形成的、由企业拥有或者控制的、预期会给企业带来经济利益的资源。资产按其流动性分为:流动资产、长期投资、固定资产、无形资产、递延资产和其他资产等。资产项目的作用:提供了企业变现能力的信息;提供了企业资产结构信息;提供了反映企业资产管理水平的信息;提供了反映企业价值的信息。

(2)负债项目的构成及作用。负债是指企业过去的交易或者事项形成的、预期会导致经济利益流出企业的现时义务。负债按偿付时间的长短分为:短期负债、长期负债。负债项目的作用:提供了反映企业总体债务水平的信息;提供了反映企业债务结构的信息。

(3)所有者权益项目的构成及作用。所有者权益指企业资产扣除负债后由所有者享有的剩余权益。所有者权益主要包括：实收资本、资本公积、盈余公积、未分配利润。所有者权益项目的作用：所有者权益的内部结构反映了企业自有资金的来源构成，包括所有者投入的资本、直接计入所有者权益的利得和损失、留存收益等；提供了企业收益分配情况的信息，企业收益的分配主要是利润的分配，分配顺序为税前自动弥补以前5年内的未弥补亏损；税后利润提取法定盈余公积、任意盈余公积、向股东分配股利；盈余公积和未分配利润等项目的变动可反映利润分配的状况。

除上述外，将三者结合起来，还可提供分析企业偿债能力的信息，分析企业权益结构的信息。

3.资产负债表附表

资产负债表中所列示的项目是浓缩后的信息，会计准则要求对这些信息在会计报表附注中加以详细披露，通常采用表格形式，因此也将其称为资产负债表附表。资产负债表附表主要有三种：资产减值准备明细表、应付职工薪酬明细表、应交税费明细表。

（二）从利润表分析企业的基本活动

利润表是反映企业在一定期间（如年度、月度或季度）内生产经营成果（或亏损）的会计报表。利润表有两种格式：一是单步式利润表；二是多步式利润表。我国利润表采用多步式格式。

利润表的信息作用：提供了反映企业财务成果的信息；提供了反映企业盈利能力的信息；提供了反映企业营业收入、成本费用状况的信息。

利润表附表主要有两种：利润分配表提供了反映企业利润分配情况的信息；分部报表反映企业各行业、各地区经营业务的收入、成本、费用、营业利润、资产总额和负债总额等情况的报表。

除上述附表外，还有主营业务收支明细表，亦称主要产品销售利润明细表；管理费用明细表；销售费用明细表；财务费用明细表；营业外收支明细表；投资净收益明细表；其他业务收支明细表等也属于利润表的附表。

利润表项目对应的企业基本活动如表7-2所示。

表 7-2 利润表项目对应的企业基本活动

利润表项目	企业的基本活动
1.营业收入	经营活动收入
减：营业成本	经营活动费用
营业税金及附加	经营活动费用
销售费用	经营活动费用（销售部门相关）
管理费用	经营活动费用（管理部门）
财务费用	筹资活动费用（债权人所得）
资产减值损失	经营活动费用
加：公允价值变动收益	经营活动费用
投资收益	投资活动收益
2.营业利润	主要经营活动毛利

续表

利润表项目	企业的基本活动
加：营业外收入	投资和其他非经营活动收益
减：营业外支出	投资和其他非经营活动损失
3.利润总额	全部活动净利润（未扣除政府所得）
减：所得税	全部活动费用（政府所得）
4.净利润	全部活动净利润（所有者所得）

（三）从现金流量表分析企业的基本活动

现金流量表提供了企业资金来源与运用的信息，反映资产负债表各项目对现金流动的影响。按企业经营活动的性质，现金流量表分为经营活动产生的现金净流量、投资活动产生的现金净流量、筹资活动产生的现金净流量。现金流量表项目对应的企业基本活动如表7-3所示。

表7-3 现金流量表项目对应的企业基本活动

现金流量表项目	企业的基本活动
经营现金流入	经营活动：会计期间经营活动现金流动量
经营现金流出	
经营现金流量净额	
投资现金流入	投资活动：会计期间投资活动现金流动量
投资现金流出	
投资现金流量净额	
筹资现金流入	筹资活动：会计期间筹资活动现金流动量
筹资现金流出	
筹资现金流量净额	

三、财务分析的主要步骤

财务报表分析不是一种有固定程序的工作，不存在唯一的通用分析程序，分析步骤一般包括以下几步。

1.确立分析标准

财务报表使用者立场不同，目的也不同。因此，财务报表分析注重比较，先要确定分析立场，再设定一个客观标准衡量财务报表的数据，最后，客观确定企业财务状况和经营成果。

2.明确分析的目的

财务报表分析目标，依分析类型的不同而有所不同。如信用分析，主要分析企业的偿债能力和支付能力；投资分析，主要分析投资的安全性和营利性。

3.制定分析方案

根据分析工作量的大小和分析问题的难易程度制定分析方案。例如，全面分析还是重点分析，是协作进行还是分工负责，进一步列出分析项目，安排工作进度，确定分析的内容、标准和时间。

4.收集、核实并整理有关的信息

需要收集的相关资料信息一般包括：宏观经济形势信息、行业情况信息、企业内部数据（如企业产品市场占有率、销售政策、产品品种、有关预测数据等）等；核对和明确财务报表是否反映了真实情况，是否与所收集到的资料相符；将资料分类，按时间先后顺序排列，便于以后撰写分析报告。

5.分析现状得出分析结论

根据分析目标和内容，评价所收集的资料，寻找数据间的因果关系，联系企业客观环境情况，解释形成现状的原因，揭示经营失误，暴露存在的问题，提出分析意见，解释结果，提供对决策有帮助的信息。

四、财务分析的方法

（一）比较分析法

比较分析法是将同一企业不同时期的财务状况或不同企业之间的财务状况进行比较，揭示企业财务状况中所存在差异的分析方法。比较分析法可分为纵向比较分析法和横向比较分析法两种。

纵向比较分析法又称趋势分析法，是将同一企业连续若干期的财务状况进行比较，确定其增减变动的方向、数额和幅度，以此来揭示企业财务状况的发展变化趋势的分析方法，如比较财务报表法、比较财务比率法。趋势分析法的比较对象是本企业的历史，是在财务分析中最常用的分析方法。

横向比较分析法是将本企业的财务状况与其他企业的同期财务状况进行比较，确定其存在的差异及其程度，以此来揭示企业财务状况中所存在的问题的分析方法。

比较分析法的具体运用主要有重要财务指标的比较、会计报表的比较和会计报表项目构成的比较三种方式。

1.重要财务指标的比较

重要财务指标的比较是将不同时期财务报告中的相同指标或比例进行纵向比较，直接观察其增减变动情况及变动幅度，研究其发展趋势，预测其发展前景。用于不同时期财务指标比较的比率主要有以下两种方法：

（1）定基动态比率是以某一时期的数额为固定的基期数额而计算出来的动态比率。其计算公式为：

$$定基动态比率 = \frac{分析期数据}{固定期数据} \times 100\%$$

（2）环比动态比率是以每一分析期的数据与上期数据相比较计算出来的动态比率。其计算公式为：

$$环比动态比率=\frac{分析期数据}{前一期数据}\times100\%$$

2. 会计报表的比较

会计报表的比较指将连续几期的报表数据并列起来，比较各指标不同期间的增减变动金额和幅度，并由此判断企业财务状况和经营成果发展变化的一种方法。会计报表的比较具体包括资产负债表的比较、利润表的比较和现金流量表的比较等。

3. 会计报表项目构成的比较

会计报表项目构成的比较适宜会计报表中的某个总体指标作为100%，再计算出各组成项目占该总体指标的百分比，从而比较各个项目百分比的增减变动，以此来判断有关财务活动的变化趋势。

采用比较分析法时，应当注意以下问题：

（1）用于对比的各个时期的指标，其计算口径必须保持一致；

（2）应剔除偶发性项目的影响，使分析所利用的数据能反映正常的生产经营状况；

（3）应运用例外原则对某项有显著变动的指标做重点分析，并研究其产生的原因，以便采取对策，趋利避害。

（二）比率分析法

比率分析法是通过计算各种比率指标来确定财务活动变动程度的方法。比率指标的类型主要有构成比率、效率比率和相关比率三类。

1. 构成比率

构成比率又称结构比率，是某项财务指标的各组成部分数值占总体数值的百分比，反映部分与总体的关系。其计算公式为：

$$构成比率=\frac{某个组成部分数值}{总体数值}\times100\%$$

比如，企业资产中流动资产、固定资产和无形资产占总资产的百分比，利用构成比率，可以研究总体中某个部分的比例是否合理，以便协调各项财务活动。

2. 效率比率

效率比率是某项财务活动中投入与产出之间关系的财务比率，反映投入与产出的关系。利用效率比率可以进行得失比较，考察经营成果，评价经济效益。

比如，利润项目与销售成本、销售收入、资本金等项目加以对比，可以计算出成本利润率、销售利润率和资本金利润率等指标，从不同角度观察比较企业盈利能力高低及其增减变化情况。

3. 相关比率

相关比率是以某个项目和与其有关但又不同的项目加以对比所得的比率，反映有关经济活动的相互关系。利用相关比率指标，可以研究企业相互关联的业务安排是否合理，以保障经营活动顺畅进行。比如，将流动资产与流动负债进行对比，计算出流动比率，可以判断企业的短期偿债能力；将负债总额与资产总额进行对比，可以判断企业的长期偿债能力。

采用比率分析法时，应当注意以下几点：对比项目的相关性；对比口径的一致性；衡量标准的科学性。

（三）因素分析法

因素分析法是依据分析指标与其影响因素的关系，从数量上确定各因素对分析指标影响方向和影响程度的一种方法。

因素分析法具体有两种：连环替代法和差额分析法。

1. 连环替代法

连环替代法指顺序地用各项因素的实际数替换基数，借以计算几个相互联系的因素对综合经济指标变动影响程度的一种分析方法。

采用连环替代法的计算程序：确定影响指标变动的各项因素，分解指标体系，确定分析对象；连环顺序替代，计算替代结果；比较替代结果，确定影响程度加总影响数值，验算分析结果。采用连环替代法时，必须按照各因素之间的依存关系，排列成一定的顺序并依次替代。各因素排列顺序的确定原则：如果既有数量因素又有质量因素，先数量后质量；如果既有实物数量因素，又有价值数量因素，先实物后价值；如果都是数量因素或都是质量因素，那么区分主要因素和次要因素，主要因素排列在先。

2. 差额分析法

差额分析法是连环替代法的一种简化形式，是利用各个因素的比较值与基准值之间的差额，来计算各因素对分析指标的影响。

采用因素分析法时，必须注意以下问题：

（1）因素分解的关联性。构成经济指标的因素，必须客观上存在着因果关系，并能够反映形成该项目指标差异的内在构成原因，否则就失去了价值。

（2）因素替代的顺序性。确定替代因素时，必须根据各因素的依存关系，遵循一定的顺序并一次替代，不可随意加以颠倒，否则就会得出不同的计算结果。

（3）顺序替代的连环性。因素分析法在计算每一因素变动的影响时，都是在前一次计算的基础上进行，并采用连环比较的方法确定因素变化的影响效果。

（4）计算结果的假定性。由于因素分析法计算的各因素变动的变化影响数，会因替代顺序不同而有区别，因而计算结果不免带有假定性，即它不可能是每个计算的结果都达到绝对的准确。因此，分析时应力求使这种假定合乎逻辑，具有实际经济意义，这样计算结果的假定性才不至于妨碍分析的有效性。

五、财务分析指标的局限性

（一）资料来源的局限性

1. 报表数据的时效性问题

财务报表只能对已经发生了的历史财务信息加以列报，用于预测未来发展趋势，只有参考价值，并非绝对合理。即使是采用了一些技术手段对未来趋势进行预测，也是将建立在财务报表提供的历史资料的基础上，只是一个历史的假设。

2. 报表数据的真实性问题

企业作为信息提供者，在其形成财务报表之前必然研究信息使用者，尤其是外部使用者所关注的财务状况及其对信息的偏好进行研究，提供的信息尽力满足信息使用者对企业财务状况、经营成果的期待。其最终的报表信息可能跟企业实际状况相距甚远，从而误导信息使用者。

3. 报表数据的可靠性问题

根据目前的会计准则要求，就同一性质的经济业务，企业可以根据实际自身需要选择不同的会计处理方式，还可以采用一定的会计估计方法。这样就为企业操纵会计报表数据留下一定空间，减少财务信息的公信力。

（二）财务分析指标的局限性

1. 财务指标体系不严密

每一个财务指标只能反映企业的财务状况或经营状况的某一方面，每一类指标都过分强调本身所反映的方面，导致整个指标体系不严密。

2. 财务指标所反映的情况具有相对性

在判断某个具体财务指标是好还是坏，或根据一系列指标形成对企业的综合判断时，必须注意财务指标本身所反映情况的相对性。因此，在利用财务指标进行分析时，必须掌握好对财务指标的"信任度"。

3. 财务指标的评价标准不统一

例如，对流动比率，人们一般认为指标值为 2 比较合理；速动比率则认为 1 比较合适，但许多成功企业的流动比率都低于 2，不同行业的速动比率也有很大差别，如采用大量现金销售的企业，几乎没有应收账款，速动比率大大低于 1 是很正常的；相反，一些应收账款较多的企业，速动比率可能要大于 1。因此，在不同企业之间用财务指标进行评价时没有一个统一标准，不便于不同行业间的对比。

4. 财务指标的计算口径不一致

例如，对反映企业营运能力指标，分母的计算可用年末数，也可用平均数，而平均数的计算又有不同的方法，这些都会导致计算结果不一样，不利于评价比较。

第二节　财务能力分析

财务比率也称财务指标，是通过财务报表数据的相对关系来揭示企业经营管理的各个方面的问题，是最重要的财务分析方法。

一、营运能力分析

营运能力指企业资金周转状况。资金周转状况好，说明企业的经营管理水平高，资金利用效率高。因此营运能力指标可通过投入与产出之间的关系反映出来。营运能力分析主要包括：流动资产营运能力分析、固定资产营运能力分析、总资产营运能力分析。流动资产营运能力分析主要包括：应收账款营运能力分析、存货营运能力分析、流动资产营运能力分析。

1. 应收账款营运能力分析

应收账款在流动资产中的地位举足轻重，及时收回应收账款，既能增强企业的短期偿债能力，也能反映出企业管理应收账款的效率。反映应收账款周转情况的比率有应收账款周转率（次数）和应收账款周转天数。

应收账款周转率（次数）是企业一定时期内赊销销售收入净额与应收账款平均余额的比率，表明一定时期内应收账款平均回收的次数。

应收账款周转天数表明从销售开始到收回现金平均需要的天数。应收账款周转天数越短，说明企业应收账款的周转速度越快。

理论上讲，分子应当用赊销净额，但是赊销数据难以取得，且可以假设现金销售是收账时间为零的应收账款，因此只要保持计算口径的历史一致性，那么使用赊销净额不影响分析。

分母应当为计提坏账准备前的应收账款余额，应收账款在财务报表上按净额列示，计提坏账准备越多，应收账款的周转率越高，周转天数越少，对应收账款管理欠佳的企业反而会得出应收账款周转情况更好的错误结论。

应收账款年末余额的可靠性问题，如应收账款是特定时点的存量，容易受季节性、偶然性、人为因素的影响等。在用应收账款周转率指标评价业绩时，最好使用多个时点的平均数，以减少这些因素的影响。

2. 存货营运能力分析

存货在流动资产中所占比重较大，存货的存货周转率（次数）是企业一定时期内销售成本（销售收入）与平均存货余额的比率。它可以反映企业存货变现能力和销货能力，是衡量企业购入存货、投入生产、销售收回等各环节管理效率的综合性指标。

存货周转速度越快，存货的占用水平越低，流动性越强，存货转换为现金或应收账款的速度就快，企业的短期偿债能力即盈利能力就会增强。通过对存货周转速度的分析，有利于找出存货管理中存在的问题，尽可能降低资金占用水平。

计算存货周转率时，若分析资产获利能力及各项资产的周转情况，则用"销售收入"计算存货周转率；若分析资产的流动性或存货管理的业绩，则用"销售成本"计算存货周转率。

存货周转天数不是越少越好，若存货周转率过低，可能存在存货管理水平太低、经常缺货或采购次数过于频繁、批量过小等问题；应关注构成存货的原材料、在产品、半成品、产成品和低值易耗品之间的比例关系；应结合应收账款周转情况和信用政策进行分析。

二、发展能力分析

企业发展能力是指企业未来一定时期生产经营的增长趋势和增长水平。企业发展能力分析是从动态的角度评价和判断企业的成长能力，根据过去的资料在评价企业发展成果的基础上推测企业未来的发展潜力。衡量企业发展能力的指标主要有：销售收入增长率、总资产增长率、营业利润增长率等。

（一）销售收入增长率

销售收入增长率反映的是相对化的销售收入增长情况，是衡量企业经营状况和市场占有能力、预测企业经营业务拓展趋势的重要指标。在实际分析时，需要考虑企业历年的销售水平、市场占有情况、行业未来发展及其他影响企业发展的潜在因素，或结合企业前三年的销售收入增长率进行趋势性分析判断。

销售收入增长率为正值，说明企业本期销售规模增加；该指标越大，表明企业销售增长得越快，市场开拓和客户发展情况越好；反之则相反。该指标应结合销售增长的具体原因，分析销售增长的来源，是销售数量的增加，是单位产品售价的提高，还是产品销售结构的改变等；该指标应与同行业水平横向比较，与本企业历史水平纵向比较，分析差异，改善营销管理的措施。

分析销售收入增长是否具有良好的成长性，是否具有效益性，只有当收入增长率大于资产增长率时，才具有效益性，否则说明销售方面的可持续增长能力不强；销售增长率受增长基数的影响，如果增长基数即上期营业收入较小，本期营业收入即使有较小增长，也会引起销售增长率的大幅提高，不利于企业之间的比较。因此，还需要分析销售收入增长额、三年销售平均增长率。

（二）总资产增长率

总资产增长率是从企业总量扩张方面衡量企业的发展能力，表明企业规模发展水平对企业发展后劲的影响。

总资产增长率越高，说明企业年内资产规模扩张的速度越快，获得规模效益的能力越强，但要避免盲目扩张。

根据各项资产在总资产中的比重，制定合理的资产增长目标。即使资产规模和资产增长速度相同，但由于资本结构不同，因而资金来源的资本成本不同，即使短期内表现较好的高增长指标，从长期来看也不利于企业的发展；总资产增长率高，并不意味着资产规模增长就适当，必须结合销售增长和收益增长进行分析；注意企业发展战略、会计处理方法、历史成本原则等对总资产增长率的影响。因为一些重要的资产无法体现在资产总额中，如人力资源、非专利技术、企业文化等，所以该指标无法反映企业真正的资产增长情况。

三、企业财务能力的特征分析

1. 资源性的特征

企业财务能力作为企业在发展过程中，逐渐形成的财务综合能力，其直接体现为企业在发展过程中所积累下来的财务资源，并呈现出了资源性的特征。特别是随着现代企业管理理念的发展和现代企业管理手段广泛运用，企业财务能力的资源性也越来越被人们认同，并越来越被企业管理人员和企业财务人员重视和关注。

2. 系统性的特征

企业财务能力具有系统性的特征，是企业能力系统中的一个子系统，一方面，企业能力能够决定企业的财务能力；另一方面，企业的财务能力又反作用于企业能力。也就是说，企业财务能力作为企业能力系统中的一个子系统，系统性的特征始终是其本质特征之一。

3. 动态性的特征

企业财务能力的状况并不是一成不变的，其会随着企业外部环境的变化和企业内部条件的变化而不断地变化。例如，企业的财务能力会随着社会经济的发展而发生变化，也会因为地区的不同、国家的不同、行业的不同以及发展阶段的不同呈现出千差万别的表现形式。也就是说，企业的财务能力始终是与企业在一定时期的管理模式、财务资源等变化高度相关的，这些因素的变化会对企业的财务能力产生重要的影响。因此，对于企业来说，不同的时间、不同的发展阶段、不同的内外环境以及不同的条件下均有着不同的财务能力，而这一点也很好地反映了企业财务能力动态性的特征。

要提升企业财务能力，可以从如下几个方面入手：

一是应有计划实施战略财务管理，培养企业可持续发展的财务能力。战略财务管理，简单来说，实际上指的就是企业的财务决策者根据企业的实际情况，在深入分析企业的外部环境和内部条件的基础上，所制定的财务整体战略，是用来指导企业未来的财务管理工作的。战略财务管理，是企业可持续发展的基石，是立足于企业长远发展的需要所作出的判断，对于企业财务能力的最大化有着积极的促进作用。因此，在提升企业的财务能力时，一定要注意有计划地实施战略财务管理。

二是要重视财务创新，通过财务创新来促进企业财务能力的提升。财务创新，指的既是管理创新，也是制度创新，财务创新能够通过新的财务元素为企业财务工作注入新的活力，并推动企业的不断发展与进步。因此，企业在开展财务工作的过程中，一定要注意通过财务创新的方式来促进企业财务能力的提升。

三是要注意构建一个财务学习型组织。通过财务学习型组织的构建，来让企业拥有更好的财务学习能力，并通过持续的学习活动，使企业的财务能力不断提升，保持持久的财务竞争优势。

第三节　财务综合分析

财务综合分析评价就是企业的偿债能力、盈利能力、营运能力和发展能力的综合分析，分析它们的相互关系和内在联系，系统、全面、综合地对企业的财务状况和经营成果进行分析和评价，说明企业整体财务状况和经营成果在所处行业内的优势。下面介绍两种常用的综合分析法：财务比率综合分析法和杜邦分析法。

一、财务比率综合评分法

财务比率综合评分法也称沃尔评分法，是指通过对选定的几项财务比率进行评分，然后计算出综合得分，并据此评价企业的综合财务状况的方法。

1928年，亚历山大·沃尔出版的《信用晴雨表研究》和《财务报表比率分析》中提出了信用能力指数的概念，他选择了7个财务比率，即流动比率、产权比率、固定资产比率、存货周转率、应收账款周转率、固定资产周转率和自有资本周转率，分别给定各指标的比重，然后确定标准比率（以行业平均数为基础），将实际比率与标准比率相比，得出相对比率，将此相对比率与各指标比重相乘，得出总评分。提出了综合比率评价体系，把若干个财务比率用线性关系结合起来，以此来评价企业的财务状况。在沃尔之后，这种方法不断发展，成为对企业进行财务综合分析的一种重要方法。

财务比率综合评分法的局限性：

1. 指标选择方面

沃尔评分法未能在理论上证明为什么要选择7个财务比率指标，因而无法解决指标及指标数量选择上的主观性和随意性。

2. 指标权重方面

沃尔评分法无法提供赋予各个指标权重大小的依据，无法证明各个指标所占权重的合理性，因而导致各个指标权重的赋予具有较大的主观性和随意性。

3. 指标评分规则方面

沃尔评分法的评分规则是，比率的实际值越高，其单项得分就越高，企业的总体评价就越好，这是由于各项评价指标的得分 = 各项指标的权重 ×（指标的实际值 ÷ 指标的标准值），就意味着当某项指标实际值大于标准值时，该指标的得分就会越高。在实务中，有些指标可能是低于标准值才是代表理想值。但是，用该公式计算出来分数却是低于标准分，显然与实际不符。因此，在指标选择上，应注意评价指标的同向性，对于不同向的指标应进行同向化处理或是选择其他替代指标，例如资产负债率就可以用其倒数的值来代替。

4. 技术方面

沃尔评分法在技术上也存在一个问题，就是当某一个指标严重异常时，会对总评分产生不合逻辑的重大影响。例如，当某一单项指标的实际值偏高时，会导致最后总分大幅度增加，掩盖了情况不良的指标，从而出现"一美遮百丑"的现象。因此，在实务运用时，可以设定各指标得分值的上限或下限。

二、杜邦分析法

杜邦分析法又称杜邦财务分析体系（简称杜邦体系），是根据各主要财务比率指标之间的内在联系，建立财务分析指标体系，对企业财务状况及经营成果进行综合系统分析评价的方法。

（一）杜邦分析法的基本思路

杜邦分析法是建立一套完整的、相互关联的财务比率体系。该方法以净资产收益率为起点，以总资产净利率和权益乘数为基础，重点揭示企业获利能力及权益乘数对净资产收益率的影响，以及各相关指标间的相互作用关系。因其最初由美国杜邦公司成功应用而得名。

1. 净资产收益率

净资产收益率是综合性最强的一个财务分析指标，是杜邦分析体系的起点。该指标的高低反映了投资者的净资产获利能力的大小，同时反映了企业筹资、投资、资产运营等活动的效率。净资产收益率是由销售净利率、总资产周转率和权益乘数决定的，三个比率分别反映了盈利能力比率、资产管理比率和企业的负债比率，无论提高其中的哪个比率，净资产收益率都会提高。

2. 销售净利率

销售净利率是利润表的概括，反映了企业净利润与销售收入的关系，它的高低取决于销售收入与成本总额的高低；扩大销售收入、降低成本费用都有利于提高销售净利率，需要进一步从销售成果和资产营运两方面来分析。

3.权益乘数

权益乘数是资产负债表的概括，表明了企业的负债程度，反映了公司利用财务杠杆进行经营活动的程度。该指标越大，企业的负债程度越高；资产负债率高，权益乘数就大，这说明公司负债程度高，公司会有较多的杠杆利益，但风险也高；反之，资产负债率低，权益乘数就小，这说明公司负债程度低，公司会有较少的杠杆利益，但相应所承担的风险也低，它是资产权益率的倒数。

4.总资产周转率

总资产周转率把利润表和资产负债表联系起来，使净资产收益率可以综合反映企业资产实现销售收入的综合能力。分析时，必须综合销售收入分析企业资产结构是否合理，即流动资产和长期资产的结构比率关系；同时还要分析流动资产周转率、存货周转率、应收账款周转率等有关资产使用效率指标，找出总资产周转率高低变化的确切原因。如企业持有的货币资金超过其业务需要就会影响企业的盈利能力；企业存货和应收账款过多，就会即影响企业的盈利能力又影响企业的偿债能力。因此，还应进一步分析各项资产的占用数额和周转速度。

销售净利率和总资产周转率反映了企业的经营战略。两者共同作用得到总资产净利率，反映了企业管理者运用受托资产赚取盈利的业绩。

（二）杜邦分析法的局限性

从企业绩效评价的角度来看，杜邦分析法只包括财务方面的信息，不能全面反映企业的实力，有很大的局限性，在实际运用中需要加以注意，必须结合企业的其他信息加以分析。主要表现在：

1.忽视了对现金流量的分析

数据仅来源于三张主表。不能全面反映上市公司的重要财务指标（如每股收益、每股净资产、净资产收益率、股利支付率等），不能反映股东权益的股份化。对短期财务结果过分重视，有可能助长公司管理层的短期行为，忽略企业长期的价值创造。

2.忽视了对企业可持续发展能力的分析

销售净利率这一核心指标易受到会计利润短期性的影响，忽略企业长期的价值创造。分析指标仅局限于财务指标，忽视了其他指标，如顾客、供应商、员工、技术创新等因素对企业经营业绩的影响。

3.忽视了对企业的绩效进行评价

杜邦分析法仅局限于过去的财务信息，属于事后分析，对事前预测、事后控制的作用不大。在杜邦分析法的实际应用中，必须结合企业的其他分析方法加以分析，以弥补杜邦分析法的局限性，同时也弥补了其他分析方法的缺陷，使得财务分析结果更加完整和科学。

第八章 财务价值实践

财务价值是企业在短时期内为股东创造的净利润，也是企业分红的能力。通常企业的财务价值不仅包括了企业的整体获利能力、现金流稳定能力，也包括了企业未来创造整个现金流流动的能力。企业经营的财务价值受到内部因素以及外部因素两个方面的影响。其中，内部因素是指企业的治理结构、投资决策方法、融资决策以及相应的股利政策等。外部因素包括宏观环境和微观环境影响。外部宏观环境对于企业财务价值的提升有着重要的影响，可以决定企业战略的发展以及走向。企业在面对外部的微观环境时，需要通过制定相关的合理的政策以改善整个外部市场的环境，使得整个市场向着最有利于财务价值发展的方向改变。本章主要对财务价值的实践进行介绍，包括绩效考核、并购、企业重组以及税务筹划四部分内容。

第一节 绩效考核

一、绩效考核的目的

绩效考核，也称为"成就或成果测评"，是指企业使用特定标准和指标对各级管理人员的绩效进行价值判断的过程。这些人员承担生产和运营过程并完成特定任务，由此产生效果，以达到生产和运营的目的。

绩效考核是一项系统工程。它是在既定战略目标下评估员工的工作行为和绩效的过程和方法，并使用评估结果为员工未来的工作行为和绩效提供积极的指导。

通过定义这一概念，我们可以明确界定绩效考核的目的和重点。为了更好地实现这一目标，企业需要分阶段将目标分解到不同的部门，并最终将其落实给每个员工，也就是说，每个人都有一项任务。

二、绩效考核的作用

绩效考核本质上是一个管理过程，而不仅仅是对结果的评估。这是将中长期目标分为年度、季度和月度指标的过程，不断敦促员工实现和完善。有效的绩效考核可以帮助企业实现目标。

绩效考核是制订计划、执行计划和纠正计划的循环，体现在整个绩效管理环节中，包括绩效目标设定、绩效要求实现、绩效实施修正、绩效面谈、绩效改进和重新设定目标。这个过程也是不断发现问题和改善问题的循环。

一般来说，绩效考核具有以下作用。

1. 作为员工的薪酬调整、奖金发放的依据

每位员工都将在绩效考核中获得评估。无论是描述性的还是定量的，这一结论都可以作为员工薪酬调整和奖金支付的重要依据。绩效考核的最终结果向员工本人开放，并应得到员工的认可。

2. 作为员工晋升、解雇和调整岗位的依据

员工的每次绩效考核都将客观、合理地评估员工。通过这种方式，将员工绩效评估与晋升等级联系起来是非常公平的，同时，员工自己和其他员工也会认可。

3. 作为调整人事政策和激励措施的依据，促进上下级的沟通

员工与管理者之间的沟通是绩效考核不可或缺的一部分。在沟通中，管理者和员工将面对面地讨论评估结果，并指出其优点、缺点和需要改进的领域。这种正式的沟通机会不仅可以帮助管理者及时了解员工的实际工作条件和根本原因，还可以使员工了解管理者的管理理念和计划。沟通还可以促进管理者和员工之间的相互理解和信任，提高管理者的渗透率和工作效率。

4. 让员工清楚企业对自己的真实评价和期望

虽然管理者和员工可能经常开会并讨论一些工作计划和任务，但如果没有绩效考核，管理者可能不会告诉员工他们在企业中的地位和角色，这可能会导致员工在不知情的基础上出现错误，无法正确判断自己在企业中的地位，造成一些不必要的麻烦。绩效考核明确规定，管理者必须向员工明确企业的评价，使员工更好地了解自己，减少一些不必要的投诉。

5. 让企业及时准确地获得员工的工作信息，并以此作为潜能开发和教育培训的依据

企业每次绩效考核后，管理者和人力资源部门都能及时准确地获取员工的工作信息。通过对这些数据进行整理和分析，评估企业的招聘制度、激励政策和教育培训体系，及时发现政策中的不足和问题，及时调整。

绩效考核有其独特的目的和作用。作为企业管理者，要想把绩效考核的作用发挥出来，就要全面了解绩效考核对企业的意义和作用，还要多向有先进管理模式的企业学习经验，这样才能让绩效考核更好地发挥作用。

三、绩效考核的内容

完整的绩效考核包括三项内容：业绩评估、能力评估、态度评估。但是在实际运行过

程中，由于各企业所处的环境不同，对各个工作人员的要求不同，因此会根据自己的实际情况，重点考核其中的一项或几项。例如，一个部门，它的工作重心更偏向于提高工作效率时，它的绩效考核就会更偏重于业绩评估。如果一个企业需要提升一些有才干的人员来促进企业的发展，则评估的内容就偏重于能力评估。因此，一个企业的评估内容和评估目的是息息相关的。下面我们来看这三项内容。

（一）业绩评估

业绩评估通常称为"考绩"，是对企业人员履行职务工作结果的考察与评价。它可以衡量组织成员的贡献程度。业绩评估是所有工作关系中最本质的评估，它能直观地体现出员工在企业中的价值。

公司在进行绩效考核时一般从以下三个方面来进行衡量。

1. 任务绩效

任务绩效与员工的具体工作有密切关系，它反映的是员工对自己本职工作的完成情况，主要考核的是个人任务绩效指标的完成度。

2. 管理绩效

管理绩效主要是针对行政管理类人员，考核其对部门或下属人员管理的情况。

3. 周边绩效

周边绩效与组织特征相关联，是对相关部门服务结果的体现。

（二）能力评估

能力评估主要评估的是员工在职务工作中发挥出来的能力。工作能力又分为专业技术能力与综合能力。例如，这一过程会考核员工在工作中判断是否正确，有没有较好的协调能力，工作效率如何等。考核人员将根据评估标准和要求评估，使评估的职责和能力相匹配。这里所需的能力主要体现在常识、专业知识和其他相关知识、技能、技术、工作经验和身体素质方面。需要指出的是，企业人员考核中的能力评估和能力测试是不同的。前者与被评估人员从事的工作有关，后者则是根据个人自身的属性评估员工的能力，区分优缺点，强调人的共同特征，而不一定与员工当前的工作有关。

（三）态度评估

态度评估是评估员工在工作中的工作态度，如他是否有动力、热情，忠于职责，服从命令。工作态度评估主要考察员工对工作和工作方式的态度。其评估指标可以从五个方面设定具体的评估标准：工作主动性、责任感、工作纪律、工作协作和出勤状态。

态度是工作能力和绩效之间的中介，工作能力的变化取决于态度的正确性。当然，我们还应该考虑完成工作的内部和外部条件，而且"功绩"和"努力工作"之间的关系是由态度决定的。企业必须最大限度地使"努力"的人成为"功勋"的人才。因此，企业使用态度评估就显得十分有必要。

具体来说，如果一个人想要最大化他的能力，他必须有一个良好的能力结构来适应它，否则他将受到缺乏某个领域知识的阻碍。同时，合作伙伴之间应该有一个匹配的能力结构，以便他们能够相互补充，相互促进。

在有些情况下，甚至连员工自己都不清楚自己有哪些能力，这就需要管理者制定一套切实可行的绩效考核方案来检测员工，这样不仅能让员工自己更了解自己，还能让企业根据员工的考核表现分配相应的工作，一举多得。

需要注意的是，绩效考核一定要根据公司的实际情况来制定，一定要量体裁衣，这样才能发挥它应有的作用。

第二节　并购

一、并购的概念

并购是企业实现扩张和投资者财富迅速增长的重要手段之一，也是近年来境外直接投资领域最常被采用的投资方式。

并购是合并（或兼并）与收购的合称。合并，也叫混合，是指两家或两家以上的企业，根据合并各方签订的合同、协议，并按照一定程序归并为一个企业或另设一家新的企业。兼并可视为一种合并，这意味着主导企业保留其法人资格和企业标志，吸收一个或多个企业，其他企业失去其法人资格或改变其法律实体，仅作为并购企业的组成部分。收购或购买是指企业以现金或可转让证券（如债权和股票）购买另一企业的股票、股权或资产，以获得对企业所有资产或某项资产的所有权或控制权。

二、并购的意义

与新建投资相比，并购投资的作用十分明显，而跨国并购的意义更为突出，其优势和特点在于：

1.加速投资者进入国外市场，提高市场份额，提升投资者及其企业在行业中的战略主导地位。

2.迅速扩大产品线和生产经营规模。

3.降低成本费用，减少资本投入。

4.取得先进的生产技术、成熟的管理经验、众多的专业人才和成熟的营销网络等各类促进企业发展的重要资源。

5.有利于整体品牌经营战略的规划和实施，提高企业知名度，增强企业竞争力。

6.借此机会进入新领域，实施多元化战略，实现业务风险多元化。

三、并购的分类

1. 按产业组织特征划分

按照涉及的产业组织特征划分，并购类型分为横向并购、纵向并购和混合并购。

2. 按国家与地区划分

按照并购涉及的国家与地区划分，并购类型分为"内内型"并购（国内企业之间的合并与收购）、"内外型"并购（国内企业对外国企业的合并与收购）和"外内型"并购（外国企业对国内企业的合并与收购）。

3. 按交易意愿划分

按照并购交易意愿划分，并购类型分为友好协商和强迫接管。

4. 按公开程度划分

按照并购的公开程度划分，并购类型分为要约收购和非公开收购，这一分类仅针对被收购企业为上市公司的并购。

5. 按直接性或间接性划分

按照并购的直接性或间接性划分，并购类型分为直接并购和间接并购。

6. 按对象类别划分

按照并购对象类别划分，并购类型分为资产并购和股权并购。

四、并购支付方式

1. 现金收购

现金收购是指收购方直接向目标企业或其原股东支付现金获得资产或股份的收购方式。采取这种方式可确保收购方的控制权固化，对于收购方而言，现有的股东权益不会因此被淡化，也不会导致股权被稀释和控制权被转移。同时，可以减少收购方的决策时间，从而避免错过最佳并购时机。但是，采取现金收购方式要求收购方在确定的日期支付大额现金，这就受到收购方本身现金结余的制约。此外，还可能面临货币的可兑换性和汇率等金融成本、并购资金的资本化能力、现金回收率、目标公司的税收负担等风险。由于上述种种弊端和风险，因此，目前现金收购在实际并购的操作中更多为资产支付、股权支付等形式所取代，如资产置换、以资产换股权等。

2. 股票置换

股票置换是指股东在并购后，根据购买者的净资产、商誉管理和发展前景，以其股票贴现率作为其股本投入的收购行为。这样，交易的规模通常很大，而且不受现金能力的限制。交易完成后，标的公司的股东不会失去其所有者的权益，而是在买方和标的公司共同收购后，将其对标的公司的所有权转让给标的公司。在大多数情况下，目标公司的股东仍然控制着运营，但目标公司的股东和收购方的股东共同承担目标公司估值下降的风险。在这一支付方式下，收购方无须过多考虑东道国当地税务准则及其对出价安排上的制约，从而享受税收优惠政策。涉及增发新股的，如果目标公司盈利状况较差或者并购支付价格较高，也要考虑到可能导致的目标公司每股权益下降、净资产值减少的风险。

3. 债务承担

债务承担式收购，也称为零成本收购，意味着当目标企业的债务价值等于资产价值时，购买者不需要向目标企业支付购买款，但承诺履行支付目标企业债务的义务。

4. 债权支付

债权支付收购是指一般意义上的"债转股"，即购买者将其债权转换为目标企业的权益，实现债权人转让给股东的购买方式。

5. 卖方融资

卖方融资是指收购方不需支付现金，只需承诺提供固定的未来偿付义务即可完成并购的方式。采用这种方式进行收购时，目标企业或其原股东相当于为收购方提供了资金融通，是对收购方非常有利的收购方式。

6. 杠杆并购

杠杆并购是指通过将目标企业的未来盈利能力或资产作为抵押来收购和支付银行贷款以进行收购。运用这种方式进行收购，收购方不需要动用巨额资金，可以通过利用目标企业资产做抵押的方式获得银行贷款或发行"垃圾债券"进行融资，收购方还可以利用目标企业未来的经营收入进行支付。

7. 混合并购

这里的混合并购是指使用各种支付工具的组合来实现在并购交易中获得目标公司的控制权的支付方法。支付工具包括现金、股票、公司债券、优先股、认股权证和可转换债券。

第三节　企业重组

一、企业重组的概念

企业重组是一个重新分配企业资本、资产、劳动力、技术、管理等要素的过程，构建新的生产经营模式，使企业在变革过程中保持竞争优势。企业重组贯穿于企业发展的全过程。

企业重组是指重组和优化企业资源配置以实现其战略目标的活动。企业重组可分为广义和狭义重组。广义企业重组包括三种类型：扩张重组、收缩重组和破产重组。狭义的企业重组仅包括收缩重组。

二、企业重组的分类

（一）扩张重组

扩张重组表现为合并、接管或接收，以及标购等。

1. 合并

合并是指两个或两个以上企业的组合，其中所有原始企业不作为法人实体存在，而是建立新企业。

2. 接管或接收

接管或接收是指公司的原控股股东（通常是公司的最大股东）通过出售或转让股份或他人持有的股份数量而被搁置的情况。

3. 标购

标购是指企业直接向其他企业的股东提供购买其持有的企业股份的行为，以达到控制企业的目的。公司上市时会发生这种情况。

（二）收缩重组

收缩重组有资产剥离、公司分立以及股权出售三种方式。

1. 资产剥离

所谓资产剥离，是指在企业股份制改革过程中，不属于计划中的股份制企业的资产和负债与原企业账户的分离。

2. 公司分立

公司分立是指根据《公司法》的规定分为两个或两个以上公司的经济行为，包含新设分立和派生分立。

3. 股权出售

股权出售是指公司将持有的子公司的股份出售给其他投资者。

（三）破产重组

1. 破产企业的重组内容

破产后企业重组一般有业务重组、资产重组、债务重组、股权重组、人员重组、管理体制重组等模式。

2. 破产企业的重组流程（BRP）

（1）功能内的 BRP

功能内的 BRP 即对职能内部的流程进行重组。

（2）功能间的 BRP

功能间的 BRP 是指突破企业内各部门的界限，跨越多个职能部门的界限进行业务流程再造，实施流程团队管理。

（3）企业间的 BRP。

企业间的 BRP 是指两个或两个以上企业之间的业务重组，从而实现了整个供应链的有效管理，缩短了生产周期、订单周期和销售周期，简化了工作流程，降低了非增值成本。这种 BRP 不仅是业务流程重组的最高水平，也是重组的最终目标。

三、企业重组的价值来源分析

企业重组有两个主要的直接原因：一是最大化现有股东权益的市场价值；另一个是最大化现有管理者的财富。这两者可能是一致的或冲突的。无论如何，提高企业价值是实现这两个目标的根本。

企业重组的价值来源主要体现在以下几方面。

（一）获取战略机会

合并的动机之一是购买未来的发展机会。当企业决定扩大其在特定行业的运营时，一个重要的战略是合并该行业的现有企业，而不是依靠自身的内部发展。原因在于：

1. 直接进入运营中的开发研究部门。

2. 获得时间优势，避免工厂建设延误。

3. 减少竞争对手并直接在行业中占据一席之地。

企业重组的另一个战略机遇是利用市场力量。采用相同的价格政策，两家企业可以获得比竞争对手更高的利润。可以使用大量信息资源来披露战略机会。会计信息可能起关键作用，如会计收益数据可用于评估行业企业的盈利能力，可用于评估行业盈利能力的变化等，这对企业重组非常有意义。

（二）发挥协同效应

企业重组的协同效应是指重组可产生"1+1>2"或"5-2>3"的效果。产生这种效果的原因主要来自以下几个领域。

1. 在生产领域

通过重组，可以产生规模经济，可以接受新技术，可以减少供应短缺的可能性，并且可以充分利用未使用的生产能力。

2. 在市场及分配领域

通过重组，可以产生规模经济，这是进入新市场的捷径。它可以扩展现有的分布网络，增加对产品市场的控制。

3. 在财务领域

通过重组，可以充分利用未使用的税收优惠，开发未使用的债务能力，扩大现有的分布网络，提高产品市场的控制力。

4.在人事领域

通过重组，可以吸收关键的管理技能，整合各种研发部门。财务分析对于实现重组在各个领域的效果是必不可少的。例如，在估计更好地利用生产能力的好处时，分析人员应审查该行业其他企业的盈利能力与生产能力利用率之间的关系；在估计整合各研究与开发部门的好处时，还应包括复制这些部门的成本分析。

（三）提高管理效率

企业重组的另一个价值来源是提高管理效率。一个是管理人员现在以非标准方式运营，因此当他们被更高效的企业收购时，管理人员将被取代，从而提高管理效率。为实现这一目标，财务分析起着重要作用。在分析中，我们应该观察：

1.合并对象在行业分配中的预期会计收益的位置。

2.分布的发散程度。企业在分布中的地位越低，分布越分散，新管理者的利益越大。

提高管理效率的另一种方法是在管理者的利益与现有股东的利益更好地协调时提高管理效率。如果采用杠杆化购买，现有管理者的财富构成取决于企业的财务成功。在这个时候，管理者可能会高度关注最大化公司的市场价值。

（四）发现资本市场错误定价

如果个人能够在资本市场上找到错误的证券定价，他将从中受益。金融出版物经常发布关于合并公司然后出售部分资产以恢复其全部购买价格的单位的报告，从而实现零成本的剩余资产收购。在所有企业重组中，各方面的议价能力都会影响公司增值的分配。即使企业重组没有增加价值，也会出现价值分配问题。财富的再分配可能是企业重组的明显动机。

第四节　税务筹划

一、税务筹划概念

税务筹划是指在实际纳税义务发生之前纳税人选择较低的税负。也就是说，在法律许可范围内，纳税人通过事先安排和规划业务，投资和财务管理，充分利用税法规定的所有优惠政策，包括减税和免税，以便获得税收优惠的最大值。广义的税务筹划既包括个人、家庭的税务筹划，又包括企事业单位的税务筹划。本节只讨论与百姓关系较大的个人（家庭）税务筹划。

二、税务筹划的作用与目标

纳税支出对纳税人来说是资金的净流出，税负大小是决定纳税人各种交易和经营活动最终收益大小的重要因素。通过税务筹划节约纳税等于直接增加纳税人的净收入。它与财务管理理念中增加收入、节约开支、降低成本和最大化收入具有相同的意义和作用。因此，如何进行税务筹划无疑是投资和财务规划的重要组成部分。

如何通过合理的节税来达到减轻税负的目的呢？所有这些都需要仔细研究和规划。个人税务筹划的主要目标是通过最大限度地减少自然人的总税负来最大化总收入，并合法合理地节省税收。

三、税务筹划的特点

税务筹划具有超前性、屏蔽性、合法性、风险性与专业性五大特点，下面具体说明。

1. 超前性

超前性指税务筹划要在事先进行。一旦业务已经发生，事实已经存在，纳税义务已经形成，此时就无法筹划。所以，进行税务筹划必须具有超前意识，即未雨绸缪。

2. 屏蔽性

屏蔽起着遮挡视线的作用。在规划方案的实施中，经常需要有意设置这种屏蔽，以使方案顺利实现。屏蔽的设置不是规划者的假设，而是给税务机关一个合理的理由，即为规划找到合理的论据。例如，企业欲提高职工工资而带来个人所得税的增加，职工可能并未得到太多的实惠。而如果为职工提供工作餐或接送班车，以此提高职工的福利，就相当于变相地提高了职工的工资。这里，接送班车就是屏蔽，遮挡了其减轻税务的真实目的。

3. 合法性

税务筹划只能在法律许可的范围内进行，违反法律规定、逃避纳税责任就属于偷税行为。

4. 风险性

税务筹划的风险性是指税务筹划可能达不到预期所产生的风险。尽管许多筹划方案理论上可以少缴税或降低部分税负，但在实际操作中，却不一定能达到预期的效果。因为在方案实施过程中，税收政策、经济形势等变化，可能会使原先预先设定的筹划条件发生变化而不能获得理想效果。

5. 专业性

税务筹划需要在具有专业知识人员的帮助下，面对大规模的社会化生产，全球经济日益一体化，国际经贸业务频繁发展，经济规模不断扩大，个人多元化的收入渠道，以及日益推进的税制改革。纳税人的能力和知识本身并不足以进行规划。因此，作为第三产业的税务代理和税务咨询应运而生。如今，全世界的会计师事务所和律师事务所，特别是发达国家的会计师事务所和律师事务所，都在陆续开展税务筹划咨询业务。

四、税务筹划与避税、偷税的异同

（一）税务筹划与避税、偷税的共同点

从国家财政的角度来看，逃税、避税和税务筹划将减少国家的税收。对于纳税人而言，从表面上看，这些都是减轻税负的形式，其目的是规避和减轻税负。

（二）税务筹划与避税、偷税的区别

1. 从法律角度看

偷税是非法的，应该依法进行纳税。但是，它没有按时足额缴纳税款。它通过漏报收入、虚假增加开支和虚假会计记录来达到减税的目的。它是对税法的蔑视与挑战。一旦被发现，偷税者一定会受到惩罚。避税是基于税法漏洞和措辞缺陷，它可以通过人为安排交易来规避税收负担。在形式上，它不违反法律，但实质上它违背了立法意图和精神。从本质上来看，这种行为将受到税法的监管和限制，但法律的漏洞和滞后性使其免于受罚。从这个意义上说，这是非法的，这就是为什么可以实施反避税的原因。税法允许甚至鼓励税务筹划；在形式上，它基于明确的法律规定；在内容上，它符合立法意图，这是一种合理合法的行为。税务筹划不仅旨在最大化纳税人自身的利益，而且也是依法纳税，履行税法规定的义务，维护国家的税收利益。它是国家征税的保障，也赋予纳税人独立选择最佳纳税方案的权利。

2. 从时间和手段上来讲

偷税发生在税务义务发生后。纳税人通过欺骗和隐瞒减少应纳税额，如缩小税基和降低适用的税率等级。避税也是在纳税义务发生后进行的，通过一系列以税收优惠为目的的交易作为实现人为安排的主要动机，此类交易往往没有商业目的。税务筹划是在尚未缴税的情况下进行的，通过事先选择、安排生产和业务活动来实现。

3. 从行为目标上看

偷税的目标是少缴税。避税的目的是减轻或消除税负。减轻税负是偷漏税的唯一目标，税务筹划是为了纳税人最大化的整体经济利益。税收优惠只是需要考虑的因素之一。

参考文献

[1] 赵文妍，曹丽著. 财务管理与理论研究 [M]. 哈尔滨：黑龙江科学技术出版社，2019.12.

[2] 赵立韦主编. 财务管理理论与实务 [M]. 成都：西南交通大学出版社，2018.2.

[3] 季文丽，张雪峰著；赵毓参著. 财务管理理论与应用技能培养 [M]. 北京：中国商务出版社，2020.8.

[4] 景秋云，吴萌，吴韶颖编著. 财务管理理论与实务研究 [M]. 北京：中国商业出版社，2018.5.

[5] 刘淑莲主编. 高级财务管理理论与实务 [M]. 大连：东北财经大学出版社，2015.3.

[6] 徐哲，李贺，路萍编著. 财务管理基础理论实务案例实训 [M]. 上海：上海财经大学出版社，2016.7.

[7] 刘之舟著. 财务管理理论与实务 [M]. 合肥：安徽人民出版社，2020.2.

[8] 马林著. 财务管理理论与实务 [M]. 天津：天津科学技术出版社，2020.5.

[9] 李竟成主编. 财务管理理论与应用 [M]. 西安：西安电子科学技术大学出版社，2020.9.

[10] 刘淑娟，张洁，卢文主编. 财务管理理论与会计实践应用 [M]. 长春：吉林大学出版社有限责任公司，2021.4.

[11] 陈福军著. 财务管理理论与应用探索 [M]. 长春：吉林人民出版社，2019.8.

[12]（美）尤金·F.布里格姆（Eugene F.Brigham），迈克尔·C.埃哈特（Michael C.Ehrhardt）著；毛薇，王引译. 财务管理理论与实践第 14 版 [M]. 北京：清华大学出版社，2018.1.

[13] 徐哲，李贺主编. 财务管理理论·实务·案例·实训 [M]. 上海：立信会计出版社，2019.5.

[14] 李锦娟著. 财务管理理论及金融创新探索 [M]. 长春：吉林出版集团股份有限公司，2019.6.

[15] 李蕴慧著. 财务管理理论研究 [M]. 沈阳：沈阳出版社，2014.7.

[16] 杨洛新主编；高燕，张国华副主编. 财务管理理论与实践 [M]. 北京：清华大学出版社，2014.9.

[17] 李晓岚主编. 现代财务管理理论与实践 [M]. 郑州：河南人民出版社，2014.8.

[18] 薄建奎，田欣欣主编；冯海虹，石文慧副主编.财务管理基础 [M].沈阳：东北财经大学出版社，2018.5.

[19] 赵国栋著.现代财务管理理论与实践 [M].北京：中国原子能出版社，2018.12.

[20] 赵素娟著.财务管理理论与实践研究 [M].长春：吉林大学出版社，2017.4.

[21] 于艳著.企业财务管理实践应用 [M].北京：中国纺织出版社，2019.9.

[22] 叶怡雄著.企业财务管理创新实践 [M].北京：九州出版社，2021.3.

[23] 陈光，郝雅静著.企业财务与管理创新实践 [M].长春：吉林教育出版社，2019.7.

[24] 林自军，刘辉，马晶宏著.财务管理实践 [M].长春：吉林人民出版社，2019.12.

[25] 张春萍，黄倩著.现代企业制度下的财务管理研究 [M].长春：吉林大学出版社，2016.3.

[26] 王玉娟，阚春燕.财务管理实务 [M].上海：立信会计出版社，2019.1.

[27] 熊辉著.现代企业财务管理 [M].哈尔滨：东北林业大学出版社，2019.11.

[28] 费琳琪，郭红秋主编.财务管理实务 [M].北京：北京理工大学出版社，2020.7.

[29] 解勤华，王春峰，李璇.财务管理与会计实践研究 [M].长春：吉林出版集团股份有限公司，2021.12.

[30] 钭志斌主编.财务管理实务 [M].沈阳：东北财经大学出版社，2019.1.